별난 부자 사이토 히토리의

그릇

UTSUWA by HITORI SAITO, EMIKO SHIBAMURA
Copyright ⓒ HITORI SAITO, EMIKO SHIBAMURA, 2012
All rights reserved.
Original Japanese edition published by Sunmark Publishing, Inc., Tokyo
This Korean language edition published by arrangement with Sunmark Publishing, Inc., Tokyo
in care of Tuttle-Mori Agency, Inc., Tokyo, through Amo Agency, Korea.

이 책의 한국어판 저작권은 AMO에이전시를 통해 저작권자와 독점 계약한 도서출판 나비스쿨에 있습니다.
저작권법에 의해 한국 내에서 보호를 받는 저작물이므로 무단 전재와 무단 복제를 금합니다.

별난 부자 사이토 히토리의
그릇

ⓒ 나비스쿨 2025

발행일 2025년 10월 29일 1판 1쇄 발행
2025년 11월 19일 1판 2쇄 발행
지은이 사이토 히토리, 시바무라 에미코
역　자 나비스쿨 편집팀
펴낸이 조우석
펴낸곳 나비스쿨
편집자 박소담
디자인 studio J
인쇄 예원프린팅

등록 No.2020-00008
주소 서울특별시 성북구 돌곶이로 40길 46
이메일 navischool21@naver.com

ISBN 979-11-94114-10-9 (03190)

별난 부자 사이토 히토리의

그릇

나비
스쿨

목차

들어가며
당신의 그릇을 키우세요 시바무라 에미코 9

인생의 목적은 그릇을 키우는 것 시바무라 에미코
그릇이 커진다는 것은 할 수 있는 일이 많아진다는 것   16
생각의 크기가 그릇의 크기를 정한다   23
언제나 한결같은 닳지 않는 그릇   31

단단한 그릇을 만드는 방법 시바무라 에미코
정당한 노력을 쏟아라   40
봉사하는 마음으로 일하라   44
생각의 폭을 넓혀라   47
그릇을 키우는 두뇌 사용법   50
진정한 즐거움   54
게임의 달인이라는 발상   57
이겨도 자랑하지 않고, 져도 낙담하지 마라   61
좋은 경쟁자와 협력하라   64
자신의 한계를 뛰어넘어라   67
시련을 겸허하게 맞이하라   73
자신의 매력을 더욱 높이는 수행   79
실패를 두려워말고 도전하라   85
마음을 다해 사랑하고 용서하라   92

나만의 그릇을 키우는 여정 시바무라 에미코

인생을 바꾼 운명적 만남   104
숨어 있던 자질의 발견   108
시야를 넓히면 새로운 기회가 보인다   112
그릇을 더 크게 키우는 전환점   118
갑작스러운 성공, 그로 인한 두려움   123
상대를 귀하게 여기는 마음   127
하늘이 기뻐하는 일에 몰두하다   133
치열하게 경쟁하고 함께 성장하다   139

누구나 실천할 수 있는 그릇을 키우는 법 사이토 히토리

나를 비우는 그릇　152

아집을 비우는 그릇　163

용서하는 그릇　170

행복을 추구하는 그릇　180

스스로 단련하는 그릇　194

긍정적인 그릇　200

양보하는 그릇　210

주변 사람들을 기쁘게 하는 그릇　217

마치며
상대에게 꽃을 안겨주세요　시바무라 에미코　225

들어가며

당신의 그릇을 키우세요

저의 스승 히토리 선생님은 일본 누계 납세액 1위를 차지한 사업가입니다. 정신적 부와 경제적 부를 얻는 방법에 대한 여러 권의 책을 쓴 베스트셀러 작가이기도 합니다.

저는 열여덟 살에 히토리 선생님을 처음 만났습니다. 가수가 되겠다는 꿈을 안고 홋카이도에서 상경하여 도쿄의 지압 전문학교에 막 입학한 참이었습니다. 히토리 선생님이 제게 처음 건넨 말이 "당신과 오랜 친구가 될 수 있을 것 같군요."였습니다. 그분과 친해졌을 무렵에는 제게 이렇게 말했습니다. "당신에게는 사업가의 기질이 있습니다."

그날부터 지금까지 저는 히토리 선생님에게 정말 많은 것을 배웠습니다. 그 덕분에 사업가로 크게 성공해서 평생 생계 걱정 없이 살 수 있을 만큼 부자가 되었습니다.

히토리 선생님을 처음 만났을 때는 상상도 하지 못했던 일입니다. 그분이 해주신 말은 모두 현실이 되었습니다.

제가 사업가로 크게 성공할 수 있었던 것은 분명 히토리 선생님 덕분입니다. 그분에게 많은 사업의 비결을 배워 토대를 마련했고, 저만의 노하우를 더해나갔습니다. 히토리 선생님과 저를 포함한 제자들은 사업 비결을 꽁꽁 숨겨두지 않습니다. 남들은 모르는 우리만의 성공 비결 같은 것이 없습니다.

히토리 선생님이 저를 성공으로 이끈 비결이 무엇일지를 생각하다가 문득 떠오른 단어가 있었습니다. 그것은 바로 선생님의 모든 가르침에 들어가는 단어, '그릇'입니다.

히토리 선생님이 말하는 그릇은 역량을 의미합니다. 저는 지금껏 히토리 선생님보다 그릇이 큰 사람을 만나지 못했습니다. 굳이 비교할 생각도 없지만, 히토리 선생님은 그야말로 유일무이한 존재입니다. 닮은 사람을 찾기도 힘듭니다. 닮고 싶고, 존경하며, 그리고 가까이 다가가고 싶은 사람이 바로 히토리 선생님입니다. 저는 히토리 선생님을 동경하면서 그분에게 배운 것을 꾸준히 실천해 왔습니다.

그러다 보니 어느새 사업가로 크게 성공했고 많은 돈을 벌게 되었습니다. 그뿐만 아니라 많은 사람들이 만나고 싶어 하는 사람이 되었습니다. 되돌아보니 돈을 많이 버는 사업가로서의 그릇도, 많은 사람이 만나고 싶어 하는 사람으로서의 그릇도 모두 히토리 선생님이 키워주셨다는 사실을 발견했습니다.

흔히 사람의 그릇을 말할 때는 "저 사람은 그릇이 크다."라거나 "저 사람은 역량이 뛰어나다."라고 합니다. 그렇다면 여기서 그릇이나 역량은 구체적으로 사람의 어떤 부분을 가리키는 걸까요? 또 그 그릇이나 역량을 크게 키우는 방법은 무엇일까요? 저는 히토리 선생님의 모든 가르침이 그릇과 역량을 키워준다는 사실을 깨달았습니다.

이 책에는 저의 경험을 바탕으로 하여, 지금까지 히토리 선생님에게 배운 모든 가르침을 담았습니다. 그리고 그동안 밝히지 않았던 에피소드, 특히 히토리 선생님이 홋카이도 오비히로시의 작은 마을에서 혼자 시작한 사업이 전국으로 퍼져나가 일본 최고의 사업가가 되고, 같은 시기에 저 역시 사업에 성공하여 납세 순위 86위에 올랐던 일화도 함께 수록하였습니다. 그리고 이 책의 제4장에 히토리 선생님이 '누구나 실천할 수 있는, 그릇을 키우는 방법'에 대해 써주셨습니다.

  단순히 비결과 기술을 습득한다고 모든 일이 잘 풀리는 것은 아닙니다. 협상과 설득의 기술도 마찬가지입니다. 성공하고 그 성공을 계속 이어가기 위해서는, 더 많은 사람에게 존경받고 사랑받기 위해서는, 비결이나 기술을 넘어 인간으로서의 그릇과 역량을 키워야 합니다.

  여러분이 자신의 그릇을 발견하고 역량을 갈고닦는 인생의 과정에서 이 책이 조금이나마 도움이 되기를 진심으로 바랍니다.

시바무라 에미코

인생의 목적은 그릇을 키우는 것

시바무라 에미코

그릇이 커진다는 것은
할 수 있는 일이 많아진다는 것

당신은 어떤 사람이 되고 싶나요?

"인기 있는 사람이 되고 싶어요."
"다재다능한 사람이 되고 싶어요."
"유명해지고 싶어요."
"재능을 발휘하고 싶어요."
"부유한 사람이 되고 싶어요."
"행복해지고 싶어요."

사람들의 대답은 저마다 다양합니다. 누군가는 전부 욕심을 낼 수도 있습니다. 사람마다 인기를 얻는 방법도, 행복을 추구하는 방법도 다릅니다. 비슷한 목표와 방법도 누군가에게는 막연하게 느껴질 수 있고, 또 다른 누군가에게는 명확하게 보일 수도 있습니다.

인생에서 가장 중요한 목표는 당신과 주변 사람의 '행복'입니다. 행복은 특별하거나 거창한 꿈이 아닙니다. '내가 잘하는 일', '해낼 수 있는 일'이 곧 행복입니다. 행복을 느끼는 방식과 모습은 저마다 다르지만, 할 수 있는 일이 적을 때보다는 많을 때 우리는 더 큰 행복을 느끼지 않을까요? 미움 받기보다는 사랑받고 싶고, 일을 못 하는 쪽보다는 잘하는 쪽이 좋고, 돈도 없는 것보다 있는 쪽이 좋습니다.

할 수 있는 일이 많아질수록 선택의 폭은 넓어집니다. "내가 할 수 있는 일이 이것뿐이다."라고 말하는 사람보다 "나는 이 일도 할 수 있고 저 일도 할 수 있다."라고 말하는 사람이 더 행복합니다. 제가 생각하는 그릇이란, 스스로 '할 수 있는 일'입니다.

  많은 사람에게 사랑받을 수 있는 그릇.
  다른 사람에게 감동을 줄 수 있는 그릇.
  일을 해서 돈을 벌 수 있는 그릇.
  돈을 관리하고 불릴 수 있는 그릇.

  이렇게 할 수 있는 일을 하나씩 넓히는 것은 선천적인 재능이라고 할 수도 있지만, 대부분은 후천적인 노력을 통해 얻어집니다.
  그릇의 크기를 하나하나 키워가는 것, 그릇의 수를 늘려서

할 수 있는 일이 많아지게 하는 것이야말로 인생의 영원한 주제이자 진정한 행복에 이르는 길입니다.

  누구나 자신의 행복을 찾을 수 있습니다. 그 행복을 키우기 위해서는 끊임없는 노력이 필요합니다. 회사에서 상사에게 싫은 소리를 듣거나, 업무 중에 스트레스를 받더라도 이겨내기 위해 노력해야 합니다. 그때마다 발휘하는 노력은 절대로 헛된 것이 아닙니다. 어려움을 극복하고, 인내심을 기르는 과정에서 우리는 그릇이 커지고, 더 나은 사람으로 성장합니다. 진정한 행복은 이러한 노력 끝에 차곡차곡 얻게 됩니다.

  그릇이 큰 사람이란 선택의 폭이 넓어서 할 수 있는 일이 많은 사람입니다. 매사를 넓은 시야로 파악하기 때문에 같은 일을 겪어도 다른 면을 볼 줄 알고 자연히 만들어내는 결과도 다릅니다. 그래서 작은 일에 초조해하거나 고민하지 않습니다.

　이렇게 그릇이 큰 사람은 자신도 행복해지고 다른 사람의 눈에도 굉장히 매력적으로 보입니다.

　이 책을 쓰게 된 계기가 여기 있습니다.

　제가 처음으로 쓴 책은 『사이토 히토리의 신기한 매력론』이었습니다. 제 스승 히토리 선생님이 『운 좋은 놈이 성공한다』라는 책을 출간해 베스트셀러가 되자, 우리 제자들에게까지 책을 써달라는 의뢰가 많이 들어왔습니다.

　처음에는 '내가 감히 책을 쓸 수 있을까?'라는 생각이 들었지만, 히토리 선생님과 주변 사람들의 권유에 결국 써보기로 했습니다. 무엇보다 히토리 선생님의 은혜에 보답하고 싶었고 널리 알리고 싶은 마음도 컸습니다.

  그래서 어떤 책을 쓸지 히토리 선생님에게 상담한 결과, '매력'이라는 주제로 글을 써보기로 했습니다. 이 주제에 대해 깊이 생각하고 연구해 왔습니다. 매력적인 사람이 되려면 단순히 외면적인 끌림이 아니라 내면의 끌림을 갖추어야 합니다. 건강은 물론이고 경제적인 부분과 정신적인 부분까지 모두 풍요로워야 합니다. 결과적으로 매력이란 다양한 측면에서 남다르고 인간적인 자질까지 두루 갖추어야 생겨납니다. 바꿔 말해 그릇이 큰 사람, 훌륭한 역량을 가진 사람이 매력적인 사람입니다.

  그릇의 크기를 보여주는 히토리 선생님의 일화는 정말 셀 수 없이 많습니다. 이 책에서는 그 이야기들을 선별해서 전해

드리려고 합니다.

우선은, 히토리 선생님이 고액 납세자 명부에 올라 전국 1등이 되었을 때의 이야기부터 시작해 보겠습니다.

생각의 크기가 그릇의 크기를 정한다

늘 그렇듯이 히토리 선생님이 느닷없이 "전국 최고액 납세자를 목표로 해봅시다!"라고 말했습니다. 저는 그게 될까 싶으면서도, 동시에 왜 매출이 아니라 모두가 싫어하는 납세로 전국 최고가 되려하는지 도무지 이해가 되지 않았습니다.

그래서 "왜 일본 최고액 납세자가 되려고 하세요?"라고 질문했습니다.

그러자 히토리 선생님은 세금에 관한 자신의 생각을 들려주었습니다.

"힘들게 벌어들인 돈을 세금으로 내는 것은 손해라고 생각하는 사람들이 많습니다. 그래서 개인 사업자조차 세금을 조금이라도 아끼기 위해, 소득세보다 세율이 낮은 법인세 세율을 적용받기 위해서 주식회사로 등록합니다. 심지어 힘들게 번 돈을 세금으로 내느니 차라리 써버리는 것이 낫다고 생각해서 고급차를 사거나 투자를 하는 등 어떻게 지출할지 만을 따져봅니다.

사업이 잘 될 때는 괜찮을지 모르지만, 불황이 오면 그런 방식으로는 회사가 버티지 못합니다. 회사가 무너지는 이유는 보유 자금이 부족해서이지요. 그러니 수익이 나면 일단 세금을 내고, 남은 이익은 차곡차곡 쌓아두어야 합니다.

흔히들 회사 수익은 흑자를 유지하되, 절세하는 것이 경영을 잘하는 것이라고 생각합니다. 그런데 사실 세금을 안 낼수록 좋다고 생각하는 분위기 자체가 정말 이상한 것입니다. 이런 분위기가 지속된다면 사업가들은 계속 힘들 수밖에 없습니다.

세금은 말하자면 '자릿세'같은 것입니다. 놀이 공원이나 역 앞에 노점이나 간이 상점을 열면 자릿세를 냅니다. 그것과 마찬가지로 나라 안에서 사업을 할 때도 자릿세를 내는 것은 당연합니다.

　저는 평소 이 나라 전체를 제 정원이라고 생각합니다. 그러니 세금은 관리비 같은 것이지요. 국가에서는 제가 낸 세금으로 도로를 깔고 관리해주지요. 그 덕에 제가 만든 상품을 전국에 실어 보낼 수 있습니다.

　세금을 낸다는 것이 제게는 씨를 뿌리는 것과 같습니다. 그렇게 생각하면 공무원들은 저를 대신해서 국가라는 밭을 일구고 씨를 뿌리는 우리 회사의 직원 같은 분들이 됩니다. 그 덕에 나라가 윤택해지고 경제라는 큰 열매를 맺을 수 있습니다. 저는 사업을 해서 그 열매를 수확하는 것이고요.

　세무서 직원이 회사를 방문하면 겁이 난다는 분들이 많은데, 우리 회사에서는 오히려 대환영입니다. 저는 세무서가 우리를 위해 일하는 감사관이라고 생각하기 때문입니다. 그것도 일본 최고의 감사관이 우리 회사를 위해 일해 주는 셈이지요. 세무서란 정말 대단한 조직이잖아요? 그래서 세무서 직원들이 우리 회사를 방문하면 그분들이 최대한 납득할 수 있도록 노력합니다. 조금이라도 의심스러운 부분이 있으면 투명하고 면밀히 파악해달라고 말합니다. 그렇게 하면 세무서 직원들은 무보수로 최선을 다해 우리 회사의 재무 상태를 점검해줍니다. 그리고 이상한 부분이나 틀린 부분이 있으면 곧바로 지적해줍니다. 그러니 속일 수가 없습니다.

다른 회사는 어떤지 모르지만, 우리 회사에 오는 세무서 직원들은 모두 밝습니다. 그래서인지 우리 회사 직원들도 그분들을 싫어하지 않습니다. 그분들이 회사에 오면 저는 일단 이렇게 말합니다. "사람이 하는 일이다 보니 틀린 부분도 있을 겁니다. 그러니 잘 가르쳐 주세요." 그러면 정말 열심히 가르쳐줍니다. 세무서 직원을 훌륭한 감사관으로 생각하는 것과 그저 세금을 받으러 온 사람이라고 생각하는 것은 정말 하늘과 땅 차이입니다.

이렇게 히토리 선생님은 나라 전체가 자신의 정원이고, 공무원들은 모두 자신의 직원, 세무서는 자신의 감사관이라고 생각합니다. 이렇게 그릇이 큰 사람은 생각의 범위도 남다릅니다. 우리 제자들은 그런 히토리 선생님을 보면서 사람의 그릇과 역량에 대해 매일 배웁니다.

  브래드 피트 주연의 영화 〈조 블랙의 사랑〉을 보면 저승사자로 분한 브래드 피트가 "죽음과 세금"이라고 말하는 장면이 있습니다. 이 말은 '절대로 피할 수 없는 것'이라는 뜻으로 사용됩니다.

  미국 건국의 아버지이자 100달러 지폐의 모델인 벤저민 프랭클린도 다음과 같이 말했습니다.

  "세상에 죽음과 세금 외에 확실한 것이 없다."

  세계 어느 나라에서든 납세는 국민의 의무입니다. 세금을 납부하지 않으면 탈세로 처벌 받습니다.

  히토리 선생님은 피할 수 없는 일은 곧 자신에게 필요한 일이라고 말했습니다.

"사람들이 세금을 내고 싶지 않다거나 도저히 감사한 마음으로는 내지 못하겠다고 말하는 것은 납세를 이익이라고 생각하지 않기 때문입니다.

세금은 하늘이 정한 일이라는 것을 깨달은 뒤부터 저는 세금이란 반드시 내야 한다는 생각을 하게 되었습니다. 하늘이 정한 일을 하면 절대 손해 보지는 않을 테니까요.

그리고 제가 납세로 어떤 이익을 봤는지를 차근차근 생각해보니 '아, 확실히 이득을 봤구나!'하며 수긍하게 되었습니다.

사업가들은 열매를 수확하고 나면 반드시 새로 씨를 뿌려야 합니다. 열매를 따기만 하면 그 땅은 언젠가는 황폐한 땅이 되고, 다시 수확할 땅을 찾아다니다가 결국 유랑민이 되고 맙니다.

에미코 사장이 쓴 이 책이 널리 읽힐 수 있는 것도 돈이 홋카이도에서 규수와 오키나와에 이르기까지 전국에 통용될 수 있도록 정부가 기반을 마련해주었기 때문입니다. 정부가 그런 일을 해주지 않으면 일본은 빈곤 국가로 전락할지도 모릅니다.

그래서 우리 사업가들은 돈을 더 많이 벌고 세금을 더 잘 내야 합니다. 그러면 나라가 부강해지고 고용이 늘어 고객도 많아집니다. 결과적으로 이득을 보게 되는 것이지요."

언제나 한결같은 닳지 않는 그릇

히토리 선생님은 건강식품 및 화장품 기업인 '긴자 마루칸'을 창업하고 경영하면서 일본 최고 부자의 자리에 올랐습니다. 긴자 마루칸의 상품은 모두 히토리 선생님이 개발했습니다. 지금까지 그분이 만든 상품이 실패한 적은 단 한 번도 없었습니다. 못해도 대박, 잘되면 초대박이 났습니다.

상품 개발 과정에서 보통 수백 가지 아이디어 중 불과 10~20%만이 실제 상품으로 출시됩니다. 그중에서도 대박이 나는 경우는 고작 몇 퍼센트에 불과합니다. 그런데 히토리 선생님이 개발한 상품은 백발백중 실패가 없었습니다. 이런 일이 어떻게 가능한지를 여쭸더니 히토리 선생님은 이렇게 대답했습니다.

"일본 규슈에 있는 사가현에 오우미라는 나라에 오우미 상인이라고 불리는 사람들이 있었습니다. 그들은 '산포요시(三方よし)'라는 말을 항상 가슴에 새기고 신념으로 삼고 일했습니다. 산포요시란 '파는 사람에게 이롭고, 사는 사람에게 이롭고, 세상에 이롭다'라는 말입니다.

오우미 상인들은 자국뿐만 아니라 다른 나라에 가서도 다양한 특산물을 팔았습니다. 하지만 사람들은 대개 타지에서 온 상인들을 믿지 않았습니다. 오우미 상인들이 이런 어려움을 극복하기 위해 산포요시를 떠올리고 실천했습니다. 파는 사람뿐만 아니라 사는 사람에게도 이득이 되고, 사업을 할 수 있게 해준 지역에도 기쁨을 주고자 했습니다.

나는 여기에 하나를 더해 '시호요시(四方よし)'를 사업 이념으

로 삼고 있습니다. 시호요시란 '하늘을 기쁘게 한다.'는 뜻입니다. 고객뿐만 아니라 세상을 기쁘게 하는 상품을 만들면, 우리에게도 이득이 생깁니다. 더 나아가 하늘을 기쁘게 하는 상품을 만든다면 절대로 실패하지 않습니다."

히토리 선생님이 말하는 하늘은 특정 종교의 신이 아닙니다. 하느님일 수도 있고, 인간의 앎을 초월한 위대한 존재로 해석해도 좋습니다. 그분은 특정 종교를 믿지 않지만, 그렇다고 종교를 믿는 사람에게 신앙을 버리라고 말하지도 않습니다.

히토리 선생님은 하늘에 대한 믿음을 자주 표현합니다. 하늘을 믿는 마음은 경외심이라고도 할 수 있습니다. 경외심이란 공경하면서도 두려워하는 마음입니다. 경외심을 가진 사람은 교만하지도 거만하지도 않습니다. 세상은 큰 성공을 맛본 뒤 거만해진 사람의 편이 되어주지 않습니다. 하늘도 그런 사람의 편이 되어주지 않습니다.

히토리 선생님은 우리가 처음 만났을 때나 큰 부자가 된 지금이나 늘 한결같습니다. 돈이 없다고 비굴하지 않았고, 돈이 많다고 거만하지도 않았습니다.

그분은 모두에게 한결같은 사람입니다. 저희 제자들을 대할 때도, 직원들을 대할 때도, 심지어 우연히 방문한 찻집에서 옆자리에 앉는 사람을 대할 때도 한결같이 친절합니다. 유명인이라고 해서 다르지도 않습니다.

한결같은 경외심 즉, 하늘을 믿는 인생관이 하늘을 내 편으로 만드는 방법이라고 할 수 있습니다. 히토리 선생님의 그릇은 조금도 닳지 않았습니다. 한결같은 믿음으로 살아왔기 때문입니다.

단단한 그릇을

만드는

방법

시바무라 에미코

정당한 노력을 쏟아라

이 장에는 히토리 선생님에게 배운 '사람의 그릇'과 '그릇을 단단하게 만드는 방법'을 담았습니다. 여러분에게 가장 먼저 전하고 싶은 메시지는, 자신의 길을 개척하고 행복해지려면 이에 걸맞은 '정당한 노력'이 필요하다는 것입니다.

사람들은 종종 "에미코 사장님은 좋은 스승을 만났기 때문에 성공할 수 있었죠?"라고 말합니다. 어떤 의미에서는 맞는 말입니다. 제가 히토리 선생님을 만나지 않았다면, 이만큼 성공하고 행복할 수 없었을 테니까요. 그렇다고 해서 제가 아무런 노력도 하지 않았다는 뜻은 아닙니다. '사업가로서의 그릇', '돈을 가질 수 있는 그릇', '사람으로서의 그릇'을 단번에 체득할 수 있는 것은 아니기 때문입니다.

사업을 처음 시작했을 때, 저는 영업부터 포장까지 모든 일을 직접 처리했습니다. 아침 일찍 누구보다 먼저 출근해서 하루를 준비하고, 고객의 문의에 답장을 보내고, 전화를 받으면서, 상품 설명과 고객 상담까지 모든 일을 스스로 해결했습니다.

주문을 받고 제품을 포장하는 일도 직접 했습니다. 포장 업무는 신속하게 처리하지 않으면 배송 마감 시간을 지킬 수 없습니다. 낭비되는 시간을 조금이라도 줄이기 위해 쓰레기봉투를 몸에 묶고 작업했습니다. 영업과 제품 발송을 끝내면 그날의 매출을 집계하고 다음 날의 일정을 미리 준비했습니다. 아침 9시부터 새벽 1시까지 최선을 다해 일했습니다.

저는 이렇게 노력하는 과정에서 얻은 것이 많습니다. 먼저, 다른 사람의 수고를 이해할 수 있었습니다. 영업과 배송 업무의 어려움과 문제가 발생했을 때 느끼는 스트레스와 고통 등을 다 겪어봤기 때문입니다. 그 덕분에 지금도 타인의 마음에 공감할 수 있고, 구체적인 조언을 해 줄 수 있어서 감사한 마음입니다.

또, 현장에서 경험한 문제를 바탕으로 치밀한 아이디어를 내는 능력도 생겼습니다. 고객의 반응과 의견을 직접 들으면서 업무에 반영할 수 있었기 때문입니다. 광고 전단지 한 장을 접더라도 효율적인 방법을 터득했습니다.

노력하는 사람에게 일에서 얻는 기쁨은 남다릅니다. 고객들로부터 "에미코씨 덕분에 몸이 아주 좋아졌어요. 감사해요.", "당신의 전화를 기다렸어요.", "다음에 홋카이도에 돌아오면 꼭 만나러 갈게요."와 같은 다정한 말을 들을 때마다 기쁘고 행복했습니다. 땀 흘려 일한 후 마시는 맥주 맛도 정말 각별합니다.

봉사하는 마음으로 일하라

자신의 그릇을 크게 키울 수 있는 가장 좋은 방법은 '일을 하는 것'입니다. 대부분의 사람들은 생계를 위해 일합니다. 생계를 유지하는 일은 물론 중요합니다. 그러나 오직 자신을 위해서만 일하고 있다면, 노동을 제공하고 그 대가로 보수를 받는 것에 그칠 뿐, 그로부터 배움이나 성장은 얻을 수 없습니다.

히토리 선생님은 '일이란 주위 사람들을 편안하게 만드는 행위'라고 말합니다. 일할 때는 단순히 노동을 제공하는 것만이 아니라, 봉사하는 마음으로 하는 것이 중요하다고 강조합니다. "봉사하는 마음으로 일하라."고 하면, 많은 사람이 자원봉사를 떠올리거나 대가 없이 일해야 한다고 해석합니다. 하지만 제가 전하고 싶은 '봉사하는 마음'은 무상으로 일하라는 뜻이 아닙니다. 봉사하는 마음으로 일하는 사람만이 다양한 즐거움을 느낄 수 있고 폭넓은 배움을 얻을 수 있습니다.

봉사하는 마음으로 일하려면, 먼저 자기 일을 책임감 있고 신속하게 끝내야 합니다. 여기엔 노력과 솜씨가 필요합니다. 맡은 역할을 잘 수행하는 것만으로도 훌륭한 사람이 될 수 있습니다. 보통은 자기 일이 끝나면 일찍 퇴근해서 남은 시간을 오직 자신을 위해 쓰려고 합니다. 그러나 귀중한 시간을 타인을 위해 쓸 수 있다면 그 사람의 그릇은 한층 더 커지게 됩니다. 결과적으로 자신의 업무 능력을 향상시킬 수 있을 뿐만 아니라, 주변 사람들에게도 인정받고 사랑받는 사람이 됩니다.

사람은 일을 통해 업무 능력과 인간관계 등 다양한 것을 배웁니다. 때로는 사회생활을 하면서 어려운 문제에 봉착하거나 고통스러운 상황에 직면하기도 합니다. 그러나 사람은 일을 수행해 나가며 삶의 원동력을 얻고 더 성장할 수 있습니다. 쏟아지는 폭포 밑에 앉아 있는 것도 수행이지만, 주어진 일에 최선을 다하는 것이야말로 인생에서 가장 즐거운 배움이자 가장 큰 수행입니다.

생각의 폭을 넓혀라

음식을 담는 그릇도 쓰면 쓸수록 빛이 나는 것처럼 사람의 그릇도 자주 쓸수록 그 본연의 모습이 드러나고 커집니다. 병에 걸려 입원하거나 몸져누워 지내다 보면, 우리의 신체 근육은 점점 약해집니다. 사용하지 않는 근육은 기능과 상태가 쇠퇴하기 때문입니다. 다시 말해 신체적 힘을 키우기 위해서는 계속 움직이고 사용해야 합니다. 단순히 움직이는 정도가 아니라 조금 힘들다 싶은 정도를 극복해야만 이전보다 더 큰 힘을 낼 수 있습니다. 조금 힘든 정도의 부하를 걸지 않으면 다음 단계로 성장할 수 없습니다.

예를 들어 팔굽혀펴기 10회를 할 수 있는 사람이 매일 10회만을 목표로 두고 훈련한다면 어떻게 될까요? 평생 그 이상은 할 수 없게 됩니다. 하지만 힘든 것을 참고 1회를 더하면

11회를 할 수 있게 됩니다. 거기서 12회, 13회로 늘려 가면, 언젠가 20회, 30회도 할 수 있게 됩니다. 이와 마찬가지로 사람 그릇도 조금 어려운 일, 조금 힘든 일에 도전할 때마다 조금씩 커집니다.

우리는 자신도 모르게 자신의 한계를 정해버립니다. 부모나 주변으로부터 "너는 어차피 무리야."라는 말을 듣고 포기하는 사람도 있습니다. 이런 경우라 할지라도 자신의 한계를 정하는 사람은 결국 자신입니다. 한계는 '나에게는 무리다.'라고 포기할 때 찾아옵니다.

자신의 '목표'를 이루기 위해 한 가지 방법만을 생각하면, 그 목표를 이룰 가능성이 낮아집니다. 반면, 생각의 폭을 넓히면 가능성도 높아집니다. 포기하지 않고 행동하면 길은 반드시 열립니다. 목표를 이루는 방법은 무한합니다. 몇 번을 해봐도 잘되지 않았다면 방법이 잘못된 것이 아닐까요? 그때는 다른 방법을 찾아서 시도해야만 합니다.

여러 방법을 시도해도 잘되지 않았다면, 그때는 그 목표가 자신에게 진정 필요한지를 되물어 볼 필요가 있습니다. '천리 길도 한 걸음부터'라는 속담처럼, 일단 시작하면 반드시 그에 따른 결과가 나타납니다. 결과가 좋지 않았다면, 방법이 잘못되었음을 알아차리고 새로운 방법으로 다시 시도해야 합니다. 원하는 결과가 나왔다면 그 방법을 더욱 갈고 닦으면 됩니다.

그렇게 걸어가는 과정 속에 당신의 그릇은 분명 몇 배나 더 넓어질 것입니다.

그릇을 키우는 두뇌 사용법

신체뿐만 아니라 두뇌도 사용하지 않으면 쇠퇴합니다. 우리의 두뇌는 슈퍼컴퓨터 이상의 고성능을 갖추고 있습니다. 이 훌륭한 기능을 활용하는 방법은 아주 간단합니다. 히토리 선생님은 이 방법을 '이상하다고 생각하기'라고 부릅니다.

쉽게 말해 당신이 부자가 되고 싶다면, '내가 부자가 아니라니 정말 이상하다!'라고 생각하면 됩니다. 두뇌는 이 이상한 문제를 해결하기 위해 최고로 작동합니다. 그리고 해결책과 아이디어를 제시해 줍니다. 이 경우에는 부자가 되기 위해 구체적으로 어떻게 해야 할지 알려줄 겁니다.

다만 한 가지 주의할 점이 있습니다. 두뇌가 찾은 해결책이나 아이디어를 삭제하려는 '컴퓨터 바이러스'와 같은 존재도 있다는 사실입니다. 정확히는 '잘못된 고정 관념'이라고 할 수 있습니다. 이 바이러스, 즉 잘못된 고정 관념은 과거의 실패나 주변에서 들어온 무시 등의 부정적인 기억으로부터 형성됩니다. 그래서 '어차피 무리야'나 '해도 소용없어'라는 메시지를 머릿속에 퍼뜨립니다. 이 바이러스에 대항하기 위해서 '어차피 무리야', '해도 소용없어'라는 과거의 기억을 '나는 할 수 있다'라는 믿음으로 덧씌워야 합니다. 이렇게 덧씌우는 방법이 바로 '행동'입니다. 아무리 좋은 생각이나 아이디어가 있어도 행동하지 않으면 아무 일도 일어나지 않습니다.

여기서 중요한 것은 거창한 목표가 아니라, 지금 당장 실행할 수 있는 쉬운 아이디어부터 행동으로 옮기는 것입니다. 작은 일이라도 직접 해내고 나면 '할 수 있다'라는 결과가 남습니다. 이후 점차 난이도를 높여가며 도전하다 보면, 두뇌 속에 '할 수 있다'라는 기억이 차곡차곡 늘어나게 됩니다. 이 과정이 쌓이면 과거의 '할 수 없다'라는 부정적 기억들이 자연스럽게 '할 수 있다'라는 긍정적 기억으로 덧씌워집니다. 더 나아가, 아직 시도해 보지 않은 일도 두렵지 않고, 오히려 '할 수 있다'라는 생각이 듭니다. 긍정적 경험을 축적해 나가다 보면, 자신감이 단단한 근육처럼 성장합니다. 행동이 곧 새로운 믿음을 만들어 냅니다.

히토리 선생님의 두뇌도, 제 두뇌도, 당신의 두뇌에 비해 결코 크거나 특별히 다르지 않습니다. 모두 똑같이 훌륭한 기능과 무한한 가능성을 갖추고 있습니다. 다만 두뇌라는 그릇을 어떻게 사용하느냐에 따라 인생의 방향은 크게 달라집니다.

그릇을 소극적으로 쓰면 평범한 결과에 머물지만, 적극적으로 쓰면 전혀 다른 인생을 열 수 있습니다. 결국 중요한 것은 두뇌의 크기가 아니라, 두뇌라는 그릇에 무엇을 채우고 어떤 행동으로 덧씌우기를 반복하느냐 입니다.

진정한 즐거움

서점에 가면 '성공하는 방법'이 담긴 수많은 책이 진열되어 있습니다. 해마다 늘어가는 성공법 책의 수만큼이나 성공한 사람의 수도 계속 늘어나야 할 것입니다. 그러나 현실은 그렇지 않습니다. 사람들은 이렇게 생각합니다. "세상은 그렇게 만만하지 않다."라고 하거나 "인생에 산이 있으면 골짜기도 있다." 또는 "고생 끝에 낙이 있다."라고 말합니다. 정녕 누구나 즐겁게 성공하거나 행복해질 수 없는 걸까요?

저는 이 질문에 "누구나 즐겁게 성공할 수도 있고, 행복해질 수도 있습니다."라고 대답하고 싶습니다. 저는 실제로 즐겁게 일해 큰 부자가 되었고, 훌륭한 동료들과 행복한 나날을 보내고 있습니다.

그러나 사람들이 일반적으로 생각하는 즐거움과 제가 말하는 즐거움은 조금 다릅니다. 사람들이 흔히 말하는 즐거움은 '아무것도 하지 않고 얻는 즐거움'이 아닐까 싶습니다. 정말 아무것도 하지 않거나 쉽게 얻으면 '즐겁다'라고 느낄 수도 있지만, 그런 손쉬운 즐거움에는 고생이 따릅니다.

제가 말하는 즐거움은 '진정한 즐거움', '재미'라고 할 수 있습니다. 제가 사업을 시작한 후 지금까지 걸어온 길은 절대 평탄하지만은 않았습니다. 험한 산을 넘었고, 골짜기가 있었고 많은 어려움이 있었습니다. 하지만 모든 여정이 재미있고 즐거웠습니다. 지난 시절을 되돌아봐도 여전히 즐거운 기억입니다. 어려움을 극복할수록 보이는 경지가 달라졌고 그래서 늘 행복할 수 있었습니다.

저의 성공과 행복은 아무것도 하지 않고 얻은 것이 아닙니다. 그렇다고 그 과정이 죽을 만큼 힘들기만 했다는 뜻도 아닙니다. 정당한 노력을 기울였고, 여러 가지 어려움도 있었습니다. 하지만 성공과 행복을 향해 가는 모든 과정을 즐겼습니다.

그 과정에서 저는 '즐거움'이란 결과가 아니라 과정을 대하는 태도에서 비롯된다는 사실을 배웠습니다. 작은 성취도 즐거움이 될 수 있었고, 예상치 못한 실패조차 새로운 길을 알려주는 즐거움이 되었습니다. 즐겁게 성공하면서 행복해지는 방법을 가르쳐준 사람이 바로, 히토리 선생님이셨습니다.

게임의 달인이라는 발상

히토리 선생님은 인생이라는 '게임의 달인'입니다. 아무리 힘들고, 어렵고, 복잡한 문제라 해도 그의 손을 거치면 모두 즐거운 게임이 됩니다. 앞 장에서 소개한 '잘못된 고정 관념'이나 '할 수 없다'라는 생각은 사실 저에게도 많았습니다.

히토리 선생님은 이런 부정적 마음가짐을 마치 게임하듯 즐겁게 바꿔버리는 분입니다. 마치 오델로 게임*과 비슷합니다. 그는 '이건 검은색이다!'라고 생각하던 것을 아무렇지 않게 전부 하얀색으로 바꿔버립니다. 자신뿐만 아니라 세상 사람들도 '이건 무조건 검은색이다!'라고 생각해서 검은색이라는 의견이 압도적으로 많아도, 아무렇지 않게 그리고 즐겁게

---

* 일본에서 개발된 보드게임. 두 사람이 보드 위에 흑백의 돌을 번갈아 두면서 진행한다. 규칙에 따라 상대편의 돌을 뒤집어 자기편의 돌로 만들 수 있다. 돌을 둘 곳이 없을 때, 게임이 끝난다. 판 위에 둔 돌의 수가 더 많은 쪽이 승자가 된다.

차례차례 '팟, 팟, 팟'하고 하얀색으로 바꿔버립니다.

히토리 선생님의 발상은 모두 게임에서 출발합니다. 게임의 달인은 단지 이기기 위해서가 아니라, 과정이 얼마나 즐거울 수 있는지를 철저하게 생각합니다.

납세액 일본 1위가 되는 것도 히토리 선생님에게는 '납세로 일본 1위가 되는 게임!'입니다. 게임 규칙이 간단하면 재미가 없습니다. 쉬운 문제보다 어려운 문제를 푸는 것이 훨씬 재미있습니다. 고액 납세자의 대부분은 주식이나 토지 매각으로 이익을 얻는 데 반해, 히토리 선생님은 사업 소득만으로 승부를 봅니다.

사업도 혼자 하면 이익이 더 클 텐데도 히토리 선생님은 제자들의 이익까지 생각합니다. 인재 모집과 스카우트가 사업

확장에 더 유리하더라도, 그런 방법은 전혀 쓰지 않습니다. 그분은 한번 맺은 인연을 소중히 여깁니다.

그리고 이렇게 말합니다.

"축구는 '손을 사용하면 안 된다.'라는 규칙이 있어서 재미있잖아요? 저도 일이든, 뭐든 재미있게 하려고 규칙을 정하고 게임처럼 진행한답니다. 그러니 우리도 재미있게 하기 위해서 규칙을 정하고 게임처럼 해봅시다.

예를 들면, 마루칸 본사는 오래전부터 지금까지 도쿄 신코이와에 있는 작은 사무실을 빌려서 다섯 명만으로 운영해 왔습니다. 이 규모로 대기업을 이기기 위해서 어떻게 하면 좋을까 하는 게임을 해보는 거죠. 게임은 어려울수록 더 재미있습니다. 쉬우면 금방 질려버리니까요.

  롯폰기나 마루노우치 같은 화려한 도시에 빌딩을 올릴 수도 있었지만 그렇게 하지 않았습니다. 신코이와를 떠나 번화가로 가면 전부터 오시던 분들이 방문하기 힘들어질 테니까요."

  히토리 선생님에게 게임은 돈을 벌기 위한 수단이 아닙니다. 그분은 이미 평생 아니, 천 년 동안 써도 부족하지 않을 정도의 부를 축적했습니다. 그릇이 큰 사람은 게임을 할 때 어디까지나 즐거움과 따뜻함을 추구합니다.

이겨도 자랑하지 않고, 져도 낙담하지 마라

 히토리 선생님에게 배운 독특한 발상 덕분에 저의 일상도 일을 한다기보다는 게임을 하는 느낌입니다. 회사에서도 단순히 일을 '하는 것'이 아니라, 일이라는 게임을 '즐기는' 기분입니다.

 게임이기 때문에 지면 당연히 벌칙도 있습니다. 게임에서 진 사람은 회사에서 하루 종일 우스꽝스러운 모자나 대머리 가발을 씁니다.

 저도 게임에 지는 바람에 온종일 가발을 쓰고 다녔습니다. 벌칙 가발을 쓰고 있다는 것을 깜빡 잊고 그대로 쇼핑을 나간 적도 있습니다. 가게에 들어가니 주위 사람들이 저만 쳐다보았습니다. 어떤 사람들은 소리 내어 웃기도 했습니다. 저는 그제야 가발을 쓰고 있다는 사실을 깨달았습니다. 솔직히 부끄러웠지만 '즐거웠으면 됐지, 뭐. 괜찮아!'하며 웃어넘겼습니다. 지금까지 좋은 추억입니다.

마루칸에서는 모두 게임에 공평하게 참가할 수 있습니다. 다음 장에서 소개할 '구니토리 게임'*에서도 매출을 해당 지역의 인구 비율로 나누어 계산하기 때문에, 담당 지역의 면적이 넓거나 인구수가 많다고 유리한 것은 아닙니다. 누구나 이길 수도 있고, 질 수도 있습니다.

이 게임에서 가장 중요한 것은 이겨도 자랑하지 않는 태도입니다. 동시에 졌더라도 낙심하거나 질투하지 않아야 합니다. 게임에서 이기면 누구나 기분이 좋습니다. 그 승리가 반복되면 자신감도 생깁니다. 그러다 자신감이 자만에 이르면,

---

* 많은 나라를 차지하면 이기는 게임. 우리나라의 땅따먹기 게임과 비슷하다.

승리를 뽐내게 됩니다. 뽐내기 시작하면 주변 사람들이 떠나가고 결국 운도, 하늘도 등을 돌립니다.

 우리는 게임을 통해 '질 수도 있다'라는 사실을 의식합니다. 졌을 때는 아쉬움과 패배감을 느끼고, 다음에는 더욱 열심히 해야겠다고 각오합니다. 그 후에는 이겨도 자랑하거나 뽐내지 않게 됩니다. 진 상대의 마음을 알기 때문입니다. 반대로, 지더라도 낙담하거나 좌절하지 않고 계속 노력하게 됩니다. 그리고 다시 이겼을 때의 기쁨과 감사를 더욱 크게 느낍니다.

 어차피 모든 일은 '게임'이라는 사실을 기억하세요. 이겼다고 해서 위대한 사람이 되는 것도 아니고, 졌다고 해서 열등한 사람이 되는 것도 아닙니다. 이번 게임을 통해 무엇을 배웠으며, 다음에 어떻게 활용할지 준비하는 자세가 더욱 중요합니다.

좋은 경쟁자와 협력하라

게임에서는 또 하나 기억해야 할 점이 있습니다. 바로 '누구와 경쟁하는가?'입니다. 저에게는 서로 격려하면서 경쟁할 수 있는 좋은 상대가 있습니다. 지금껏 의욕을 잃지 않고 여기까지 올 수 있었던 것도 좋은 경쟁자, 좋은 상대를 만났기 때문이라고 해도 과언이 아닙니다.

히토리 선생님은 저를 포함한 제자들에게 각각 지역을 맡겼고, 제자들은 각 지역에서 독립된 회사를 운영하고 있습니다. 지역적으로 분리되어 있으므로 누군가 잘 되더라도 다른 지역으로 가서 가르쳐 주거나 도와야 할 의무나 책임도 없습니다.

하지만 우리는 서로 더 나은 방법을 가르쳐줍니다. 가끔은 우리 회사의 직원을 다른 회사로 보내 현장에서 직접 배우게도 합니다. 서로 돕는다고 해서 절대 승부에서 손을 놓고 있는 사람은 없습니다. 이번 게임에서 내가 이겼다고 해서, 다음 게임에서 다른 동료에게 승부를 양보하지는 않습니다. 승부는 어디까지나 승부입니다. 모두 진지하고 열정적인 자세로 게임을 즐깁니다.

히토리 선생님의 제자들이 경쟁하면서도 좋은 관계를 유지하는 비결은, 그에게 배운 '철새 경영법'을 실천하고 있기 때문입니다. 철새들은 바다 건너 먼 고향으로 돌아갈 때, 선두의 새를 중심으로 V자 모양의 대형으로 날아갑니다. 선두의 새가 날갯짓하면 그 뒤쪽에는 상승 기류가 생깁니다. 덕분에 뒤따라오는 새들은 그 기류를 타게 되고, 앞에서 오는 공기 저항을 덜 받으니 쉽게 날 수 있습니다. 선두 뒤에서 나는 새들은 대형을 유지하면서 선두를 응원합니다.

선두가 지치면 슬쩍 뒤로 빠지고, 건강한 새가 앞으로 나와 나머지 무리를 계속 이끕니다. 이런 식으로 모두가 힘을 합쳐 상승 기류를 일으키면서 바다를 건넙니다. 업혀 가거나 끌려가는 새는 없고 비행을 방해하는 새도 없습니다.

우리가 실천하고 있는 철새 경영법도 마찬가지입니다. 서로를 돕지만 한쪽에 기대거나 끌려가지 않습니다. 서로를 독려하며 즐겁게 경쟁하고 함께 창조합니다.

인생에서 좋은 스승에게 얻는 배움만큼이나 선의의 경쟁자를 만나 협력하는 것이 중요합니다.

자신의 한계를 뛰어넘어라

경쟁에서 져도 낙심하지 않고, 좌절하지 않고, 질투하지 않는 태도가 중요하다고 앞서 언급했지만, 사실 경쟁에서 패배하면 무척 분한 마음이 듭니다. 저도 분한 마음으로 오기가 생겨 전보다 더욱 열심히 하게 된 면도 없지 않습니다. 분한 마음도 잘 활용한다면 더 나은 결과를 얻기도 합니다.

언젠가 주변에서 들은 이야기가 있습니다.

어느 마을에 이방인이 들어왔습니다. 그는 마을 대표에게 황무지 땅을 빌렸습니다. 이방인은 그 땅에 작은 집을 지었고, 일부 남은 땅을 열심히 가꿨습니다. 그것을 본 마을 사람들은 그를 비웃었습니다. 아무리 가꾼다 해도 저런 땅에는 어떤 작물도 심을 수 없을 거라고 말하면서요.

하지만 황폐했던 땅에 싹이 났고 점차 아름다운 밭으로 변했습니다. 사람들이 이방인에게 황폐한 땅을 훌륭한 밭으로 가꿀 수 있었던 비법이 무엇인지 묻자 이방인은 이렇게 대답했다고 합니다.

"나는 이 땅을 가꾸면서 '두고 보자'라는 이름의 씨앗을 뿌렸습니다."

주위 사람들의 말에 신경 쓰지 않고 용서하는 태도도 중요하지만, 때로는 분한 마음을 용수철로 삼아 한계를 뛰어넘는 역량이 필요할 때도 있습니다.
히토리 선생님도 비슷한 이야기를 들려준 적이 있습니다.

"제 제자들은 모두 성실합니다. 항상 열과 성을 다합니다. 하지만 한 가지 아쉬운 면이 있습니다. 그것은 바로 '두고 보자!' 정신입니다."

회사 상사에게 부당한 말을 들었다고 상상해 봅시다. 그때 속으로 '두고 보자!'라는 말을 떠올려야 합니다. 정면으로 부딪쳤다가는 문제가 될 테니 마음속으로만 생각하면서 이 상황을 해결하기 위해 머리를 싸매고 방법을 찾아야 합니다. 그 다음에 보란 듯이 좋은 성과를 내야 합니다. 예상치 못한 결과로 상사가 나를 다시 보게 될 때 '모두 당신 덕분입니다'하고 공을 돌린다면 나의 그릇은 더욱 커지게 된답니다.

제가 지금까지 게임을 통해 한 일은 모두 자신의 한계에 도전하는 것이었습니다. 한계를 반복적으로 뛰어넘으면서 그릇의 크기를 점차 키워나갔습니다.

경쟁 대상에게 지지 않는 것도 중요하지만, 궁극적으로 가장 중요한 것은 자신에게 지지 않는 것입니다. 자신의 한계는 결국, 자신이 만들어냈기 때문입니다.

'필사적'이라는 말이 있습니다. 글자 그대로 '반드시 죽는다'라는 뜻입니다. 어떤 일을 해내지 못해 죽게 된다면, 누구나 죽을힘을 다할 것입니다. 죽을 각오로 했지만 해내지 못할 때 그것이 자신의 진짜 한계입니다. 자신의 한계를 뛰어넘기 위해서는 필사적으로, 젖 먹던 힘까지 다해야 합니다. 성공하지 못한 사람이나 운이 나쁜 사람, 능력은 뛰어나 결과가 다소 부족한 사람들에게는 공통점이 있습니다. 바로 젖 먹던 힘까지 쓰면서 최선을 다하지 않았다는 것입니다.

300제곱미터의 밭을 가진 사람과 50제곱미터의 밭을 가진 사람이 있다고 생각해 봅시다. 300제곱미터의 밭을 가진 사람이 주위를 둘러보니 사람들이 모두 200제곱미터만 경작하고 있습니다. 그래서 남들처럼 200제곱미터만 경작하고 나머지 시간에는 일하지 않았습니다. 반면 50제곱미터의 밭을 가진 사람은 남들보다 작은 땅이라도 더 잘 가꾸기 위해 쉬지 않고 일했습니다. 나중에는 어떻게 되었을까요?

50제곱미터의 밭을 가진 사람은 능력이 점점 발전하여 60제곱미터, 70제곱미터, 마침내는 100제곱미터까지 경작해 낼 수 있게 됩니다. 그에 반해 300제곱미터의 밭을 가진 사람은 200제곱미터만 경작하다가 능력이 점점 쇠퇴하여 150제곱미터, 100제곱미터로 줄게 됩니다.

 두 사람 중 운이 좋은 사람은 50제곱미터의 밭을 가진 사람입니다. 두 사람이 어떤 자세로 일했는지 세상이 알기 때문입니다. 밭의 크기에 상관없이 세상은 열심히 일하는 사람을 응원하고, 게으름을 피우는 사람은 곱게 보지 않습니다.

 열심히 하는 사람은 하늘이 지켜줍니다. 그러니 우리는 어떤 상황을 마주하더라도 끝까지 최선을 다해야 합니다. 지혜와 온 힘을 다해 온전히 몰입하여 노력해야 합니다.

시련을 겸허하게 맞이하라

　사람의 그릇은 온 힘을 다해 노력하지 않으면 키울 수 없습니다. 음식을 담는 그릇도 쓰이지 않으면 쓸모없는 물건일 뿐입니다. 아무리 비싸고 훌륭한 그릇이라도 빛을 보지 못하고 구석에 처박혀 있으면 꿰지 않은 구슬에 지나지 않습니다.

　사람의 그릇도 자꾸 써야 활력이 생기고 빛을 발하게 됩니다. 사람마다 출생지도 다르고 외모와 성격도 다양합니다. 사람의 그릇 역시 저마다 알맞은 쓰임이 있고 그 가치도 다양합니다. 사람의 그릇 중 가치 없는 것은 없습니다. 그러니 각자의 가치를 발견하고 활력을 불어넣어야 합니다. 하지만 사람은 늘 비교당하기 마련입니다.

　과일 가게에서 사과를 살 때도 우리는 비교를 합니다. 사과는 부사, 아오리, 오린, 홍옥, 조나골드 등 품종이 다양하고 가격과 맛도 다릅니다. 같은 품종이라고 해도 크기와 모양이 다르고 흠집도 제각각입니다. 사람들은 이렇게 다양한 선택지 중에 나름의 기준에 따라 사과를 비교하고 최종적으로 하나를 고릅니다.

사람도 세상에 나가면 다른 사람과 비교당하기 마련입니다. 외모, 키, 몸매, 학력, 직장, 자격, 능력 등 비교의 척도도 다양합니다. 당신이 지금 읽고 있는 이 책도 다른 책들과 비교하면서 고른 것입니다. 독자들은 자기계발서 하나를 고를 때도 다른 자기계발서보다 내용이 좋은지를 따지고, 출판사들은 다른 책보다 잘 팔리는지를 따집니다.

이처럼 사람도 세상에 나온 이상 반드시 비교를 당합니다. 비교당하고 싶지 않아도 어쩔 수 없는 과정입니다. 그러니 큰 그릇을 가지고 싶다면 "마음껏 비교하세요."라는 마음가짐이 필요합니다.

비교당하는 것을 피하는 자세보다는 어디 한번 해보자는 자세를 갖는 게 좋습니다. 타인이 어떤 기준으로 나를 비교할지는 그 사람만이 알고 있습니다. 반대로 자신의 비교 기준은 스스로 결정할 수 있습니다. 결과적으로 자신의 행복 기준도 스스로 정하면 되는 것입니다.

생각해 보면 그릇의 크기를 결정하는 쪽도 내가 아닌 상대방입니다. 회사에서는 그릇이 큰 사람이라는 평가를 듣는 사람이지만, 집에 와서는 아내나 남편에게 그릇이 작은 사람이라고 타박을 들을 수도 있습니다.

중요한 것은 내가 '누구에게 그릇이 큰 사람이 되고 싶은

가?'입니다. 그 '누구'를 결정하는 것은 바로 자신입니다.

그릇이 클수록 많은 사람을 받아들일 수 있습니다. 물론 한 사람만을 온전히 받아들이는 그릇도 가질 줄 알아야 합니다.

누구를 위한 그릇을 키우고 싶은가요? 그 누군가를 온전히 받아들일 수 있는 그릇을 평생에 걸쳐 키우는 것, 그것이 바로 인생입니다. 인생을 여행에 비유한다면, 그릇은 하늘이 준 이동 수단이 아닐까요?

저는 가끔 이런 생각을 하곤 합니다. '사람은 태어날 때 자신의 인생을 어떻게 꾸려나갈지 하늘과 약속하며, 그 약속을 지키기 위한 그릇을 이미 갖고 태어나는 것이 아닐까?'라는 생각 말입니다.

그런 의미에서 인생이란 하늘과의 약속을 지키기 위한 수행의 여정이라고 할 수 있습니다. 그래서 하늘은 인간이 약속을 잘 지키고 있는지, 어떠한 환경과 상황 속에서도 그 약속을 지키려는 자세가 되어 있는지를 시험하기 위해 시련을 주는 것일지도 모릅니다.

지금까지 제 인생에도 다양한 시련이 있었습니다. 그럴 때마다 앞서가는 사람의 인생을 보며 그 해결책을 찾아보곤 했습니다.

그릇이 큰 사람에게 '하늘이 준 시련'은 어떤 의미일까요?

하늘은 사람의 능력에 따라 견딜 수 있는 만큼의 시련을 줍니다. 하지만 때로는 아무런 문제가 없어 보이는 곳에 시련을 주기도 합니다.

돈을 버는 것이 꿈인 사람이 열심히 일하면, 어느 정도의 돈을 버는 능력을 갖추게 됩니다. 돈을 많이 벌게 되면, 돈을 지키는 능력을 원하게 됩니다. 돈을 사치스럽게 쓰면 그것을 탐하는 사람, 도둑이 나타납니다. 도둑을 조심하려면 경비를 더욱 철저히 하고 수상한 사람들을 경계하면 됩니다.

하지만 도둑보다 더 조심해야 할 것이 있습니다. 바로 교만입니다. 다른 사람들이 치켜세우는 달콤한 말에 취해서 하지 않아도 될 일까지 나서서 하게 되면, 머지않아 빚더미에 앉게 될 겁니다. 교만은 자신을 위기에 빠뜨리는 어리석은 행동입니다. 하늘과의 약속을 잊지 않고, 자신의 처지를 잘 파악하면서, 반드시 가야할 곳에만 가야합니다.

자신의 매력을 더욱 높이는 수행

사업이 잘되고 경제적 여유가 생기면 주변에 사람이 많이 모입니다. 저도 가는 곳마다 주변에 많은 사람이 모입니다. 제 주위에 몰린 사람들은 부동산 구매나 주식 투자, 빌딩 건설 등 이런저런 이야기를 늘어놓습니다. 그럴 때마다 히토리 선생님이 이렇게 말했습니다.

"에미코 사장의 주위에도 슬슬 사람들이 모여드는군요. 아마 투자처가 있다면 융자 이야기를 꺼낼 겁니다. 그때는 이렇게 말하세요. '저는 그렇게 여러 일을 할 만큼 역량이 많지 않습니다.'라고요."

저와 제 동료들은 이렇게 말한 덕분에 흔들리지 않았지만, 지인이나 친구 중 투자에 현혹된 사람이 적지 않습니다. 최근에는 자원봉사나 복지를 접목한 투자처 이야기가 나돌면서 피해자가 많아졌습니다. 어떻게 하면 이런 일을 막을 수 있을지를 히토리 선생님에게 물어보았습니다. 그는 이렇게 대답했습니다.

"그 사람의 그릇을 알 수 있는 가장 좋은 때는 돈을 벌었을 때입니다. 한 사람의 그릇은 그 사람의 가장 약한 부분에서부터 그 모습을 드러냅니다.

예를 들면, 지위나 명예에 약한 사람에게는 그런 곳을 채워주는 투자 이야기가 먹힙니다. 그런 사람들은 번지르르한 겉모습에 바로 넘어갑니다. 여자에게 약한 남자는 여자 문제로 망하고, 연예인에게 약한 사람은 연예인과 얽혀 망합니다. 하늘의 시련은 반드시 그 사람의 가장 약한 부분에서 나타납니다. 그러므로 인생에서 자신의 약한 부분을 강하게 단련해 나가는 수행이 필요합니다."

저는 돈을 빌려달라거나 기부를 부탁받을 때 가장 약해집니다. 냉정하게 거절했다가 인간관계가 틀어지거나 구두쇠라는 말을 들을까 봐 걱정이 앞섭니다. 이런 고민을 할 때 아주 중요한 이야기를 들었습니다.

"돈을 빌려줄 때는 그것이 정말 그 사람을 위한 일인가를 생각해야 합니다. 돈 때문에 곤란을 겪고 있다면, 돈에 대해 제대로 배울 기회가 왔다는 의미이기도 합니다.

그때 돈 버는 방법을 배울 수도 있고, 돈이 움직이는 흐름을 배울 수도 있습니다. 그런데 쉽게 돈을 빌려주면 모처럼 찾아온 배움의 기회를 놓치게 됩니다. 그 사람은 빌린 돈 덕분에 잠시 일을 해결한다 할지라도 언젠가 다시 같은 문제로 곤란을 겪어 뒤늦게 공부해야 할지도 모릅니다. 그러니 돈 때문에 어려움을 겪는 사람이 있다면, 돈을 빌려주기보다 돈 버는 방법과 일하는 방법을 가르쳐주는 편이 좋습니다. 그리고 돈을 빌려주게 된다면, 돌려받지 않아도 괜찮다고 생각하는 금액만 빌려주세요.

돈에는 법칙이 있습니다. 함부로 돈을 쓰는 사람은 돈을 허술하게 다룹니다. 그러면 돈이 도망가 버립니다. 꼭 필요한 곳이 아닌 다른 곳에 써서 도망가 버린 돈은 다시 돌아오지 않습니다. 돈이 남아돈다고 해도 돈을 허술하게 다뤄서는 안 됩니다. 돈도 사람도 소중하게 다루어야 합니다.

1억 명의 군대를 가진 장군이 '군사는 지금 충분하니 300명 정도는 죽어도 괜찮다, 돌격하라!'라고 명령을 내린다면, 부하들의 마음은 어떨까요? 전쟁에서는 아무리 치밀한 작전을 세워도 사상자가 발생합니다. 그렇다 해도 200~300명쯤이 전사해도 괜찮은 것은 아니지요. 마찬가지로 1만 엔이든 1엔이든 그 가치는 같습니다. 작다고 결코 허술하게 다뤄서는 안 됩니다.

기부도 마찬가지입니다. 진심으로 마음이 동해서 기부를 한다면 그것은 항상 좋은 일입니다. 금액은 중요하지 않습니다. 스스로 감흥이 일어 돈을 내는 것이기 때문입니다. 다시 말해 기부에 정답은 없습니다. 마음 깊이 공감이 우러난 행동이라면 자신에게 무리가 되지 않는 범위 안에서 기부하면 됩니다. 올바른 때란 곧 진심으로 원하는 때입니다.

사람마다 배우는 수행이 다릅니다. 에미코 사장에게는 부자로 사는 것 자체가 수행입니다. 홋카이도의 산골 마을에서 학교를 졸업한 후 도쿄에 올라온 여성이 열심히 노력한 끝에 이렇게 큰 부자가 되었으니까요. 지금 에미코 사장은 근사한 옷을 입고 화려한 집에 살게 되었습니다. 에미코 사장은 앞으로 만나는 사람들에게 계속 당신의 인생 이야기를 들려주어야 합니다. 누구에게든 꿈을 심어주는 일이 바로 에미코 사장의 사명입니다.

기부는 분명 좋은 일이지만 에미코 사장은 기부보다 자신의 매력을 높이는 일에 힘쓰는 편이 좋습니다. 그래서 많은 사람들이 '에미코 사장처럼 되고 싶다.'라고 생각하도록 해야 합니다. 에미코 사장은 이제 선망의 대상이 되는 수행에 매진해야 합니다."

실패를 두려워말고 도전하라

사람은 미숙한 동물입니다. 다른 동물은 태어나자마자 보행이 가능하기도 하지만, 사람은 혼자 힘으로 걸을 때까지 보통 1년이 걸립니다. 기본적인 의사소통을 하기까지는 3년이 걸리고, 성인이 되려면 20년은 족히 걸립니다.

어쩌면 사람은 미숙한 상태로 태어나기 때문에 성장의 기쁨을 만끽할 수 있는 유일한 동물일지도 모릅니다.

우리는 성장을 통해 기쁨을 느낍니다. 혼자서 아무것도 하지 못하던 아기가 옹알이를 시작하고 곧 말을 하게 됩니다. 뒤집기를 하면 곧 기어 다니기 시작하고, 두 발로 일어선 후에는 아장아장 걸음마를 뗍니다.

이렇게 성장하는 모습을 보면서 부모와 주변 사람들이 모두 기뻐합니다. 아기도 자신의 성장으로 인해 사람들이 기뻐

한다는 사실을 배웁니다.

또한 성장이 자신의 기쁨이기도 하다는 사실도 알게 됩니다. 공을 잘 던질 수 있게 되었을 때의 기쁨, 공을 잘 받을 수 있게 되었을 때의 기쁨, 자전거를 탈 수 있게 되었을 때의 기쁨 등, 이런 기쁨 하나하나가 아이를 성장시켜 줍니다.

아기는 실패를 두려워하지 않습니다. 걷다가 넘어졌다고 해서 걷기를 포기하지 않습니다. 실패의 아픔보다 성공의 기쁨이 훨씬 크기 때문입니다. 동시에 자신이 반드시 해낼 수 있다는 믿음을 갖고 있습니다.

그러나 어른이 되면서 실패를 두려워하게 됩니다. 스스로 한계를 그어버립니다. 하지만 사람은 나이에 상관없이 성장의 기쁨, 새로운 것을 알게 될 때의 기쁨, 못하던 일을 해낼 때의 기쁨을 느낄 수 있습니다. 나이가 들수록 육체는 쇠약해지지만, 마음의 성장은 계속 일어납니다.

저는 오랫동안 기계를 잘 다루지 못했습니다. 컴퓨터나 인터넷에 재미를 붙이지 못했습니다. 하지만 주변 사람들의 권유로 블로그와 페이스북, X를 운영하게 되었습니다. 처음에는 히토리 선생님에게 배운 것을 세상에 알리고 싶다는 단순한 마음으로 시작했습니다. 지금은 어느새 많은 사람들이 좋아해 주십니다. SNS에서 만난 젊은이들의 이야기를 직접 접하면서 큰 자극과 배움을 얻고 있습니다. 그들이 대견하고 존경스럽다는 생각과 함께 그들에게 더 많은 것을 가르쳐주고 싶다는 생각이 들었습니다. 자연스럽게 세계관이 넓어지면서 다양한 것에 흥미가 생겼습니다. 호기심이 동기가 되어 공부에 대한 욕심도 커졌습니다.

 마음의 성장이 끝이 없듯이, 자신의 그릇을 키우는 일도 끝이 없습니다. 그릇을 키우는 기쁨은 나이가 들어도 변하지 않는 인간의 근본적인 욕구이자 기쁨입니다. 할 수 있는 일이 많아지면 기쁨이 커질 뿐만 아니라 매력도 많아집니다. 히토리 선생님은 오래전에 이런 말을 해주셨습니다.

 "매력적이라는 것은 기능이 많다는 뜻입니다. 앞으로는 휴대전화의 시대가 될 것입니다. 지금은 전화를 쓰려면 전화기가 있는 장소까지 가야 하지만, 앞으로는 자유롭게 걸어 다니면서 전화할 수 있는 날이 오게 되지요. 그것만으로도 아주 편리하겠지만 다양한 기능까지 더해진 다기능 휴대전화가 나올 겁니다. 사람도 마찬가지입니다. 할 수 없던 일을 할 수 있도록 하나씩 바꿔나가면 그만큼 매력이 커지게 된답니다."

 이 이야기를 처음 들었을 당시의 휴대전화는 주머니에 들어갈 만큼 작지 않았고, 통화 외에는 별다른 기능도 없었습니다. 그래서 한 귀로 듣고 흘려버렸습니다. 그러나 지금은 그때의 이야기를 온몸으로 실감하고 있습니다. 휴대전화로 멀리 있는 사람과 대화할 수 있고, 문자를 보내고, 사진을 찍고, 인터넷 검색을 하고, 게임을 즐기고 있게 된 것이지요. 이제 휴대전화는 편리한 생활에 꼭 필요한 매력적인 상품이 되었습니다.

 '다기능'에 대한 이야기를 듣고 처음 떠오른 생각은 내가 하고 싶은 일만 해서는 매력적인 사람이 될 수 없다는 것이었습니다. 그래서 주변 사람들을 도울 수 있는 일을 추가해 나가기로 했습니다. 그리고 당장 할 수 없더라도 나중에라도 해낼 수 있는 일, 주변 사람들이 기뻐할 만한 일에 도전하기 시작했습니다.

기능은 사람들에게 쓸모 있는 것이어야 합니다. 사용자에게 쓸모가 없다면 그것은 기능이 아니라 불편한 장애물입니다. 다른 사람에게 도움이 되고 기쁨을 주는 일을 계속 배우는 것이야말로 매력적인 사람이 되는 지름길입니다.

다양한 기능을 해내려면 '나는 할 수 없어!'라는 생각부터 바꿔야 합니다. 그러기 위해서는 우선할 수 있는 일부터 도전해서 할 수 있는 일의 범위를 조금씩 넓혀나가면 됩니다.

작은 일이라도 그냥 하는 것이 아니라 웃는 얼굴로 한다든지, 빠르고 정확하게 한다든지, 남은 시간에 아직 일을 마치지 못한 사람을 도와주는 등, 자신이 할 수 있는 일을 넓혀나가면 그것이 곧 매력이 되고 역량이 됩니다.

마음을 다해 사랑하고 용서하라

사람들은 부자가 되고 싶어 하면서 동시에 오래도록 건강하길 원합니다. 건강을 유지하기 위해서는 적당한 운동, 규칙적인 생활, 균형 잡힌 영양 섭취가 중요합니다. 식욕은 인간의 생명 유지에 필요한 근본적인 생존 욕구입니다. 배고픔을 느끼는 이유는 우리 몸이 영양소를 원하기 때문입니다. 몸이 성장하고 있다는 신호이기도 합니다.

몸뿐만 아니라 마음에도 영양이 필요합니다. 마음의 영양이란 배움입니다. 새로운 것을 배울 때의 기쁨, 무언가를 알고 싶어 하는 욕구는 마음이 성장하고 있다는 신호입니다. 여기서 한 가지 조심해야 할 것이 있습니다. 그것은 바로, 힘들게 얻은 마음의 영양분을 제대로 써먹지 못하고 머릿속에서 썩히는 일입니다.

예전에 만났던 사람 중에 책도 많이 읽고 세미나에도 자주 참석하면서 열심히 공부하는 사람이 있었습니다. 하지만 무슨 이유인지 전혀 행복해 보이지 않았습니다. 그의 입에서는 항상 부정적인 말만 들렸습니다. "이 책은 읽는 내내 너무 지루했습니다."라든가 "그 세미나에 참석했는데 수준이 떨어지는 것 같습니다." 등 자신의 지적 수준을 뽐내려는 듯한 말을 많이 했습니다.

　저는 이런 사람을 만나면 '머리 변비'에 걸렸다고 생각합니다. '머리 변비'란, 머릿속에 지식을 쌓아두기만 하고 실천하지 않는 것을 뜻합니다. "백 번 듣는 것보다 한 번 보는 것이 낫다."라는 말이 있습니다. 좋은 것을 배웠다면 즉시 실천해야 합니다. 지식은 행동으로 옮겼을 때 비로소 지혜가 됩니다. 그리고 그 지혜를 주변에 널리 퍼뜨려야 합니다.

많이 배우고 많이 실천한 사람은 분명 성공합니다. 더불어 자신의 지혜를 주변에 퍼뜨릴 줄 아는 사람은 성공한 사람에서 그치지 않고 좋은 사람이 될 수 있습니다.

우리는 평생 공부하고 평생 실천해야 합니다. 혼자서 '이 정도 공부했으니 충분히 안다.'라고 생각할 것이 아니라, 나이에 상관없이 배움을 즐기고 그 과정에 활력을 넣어 다른 사람에게도 지혜를 나눠주어야 합니다. 지혜를 나누면 나눌수록 많은 사람에게 기쁨을 줄 수 있고, 자신에게 돌아오는 기쁨도 커집니다. 그게 바로 그릇을 키우는 방법입니다.

그릇이 작으면 무엇이든 주고받기 어렵습니다.

작은 그릇은 자신의 몫을 담기에도 벅찹니다. 그래서 다른 사람에게 무언가를 받더라도 바로 흘러넘칩니다. 마치 물이 가득 찬 잔에 계속 물을 붓는 것과 같습니다.

그러나 그릇이 크면 그만큼 많은 것을 받아들일 수 있게 됩니다. 가진 것을 다른 사람에게도 전해줄 수 있게 됩니다. 그러니 사람은 평생에 걸쳐 공부해야 하고 그릇을 키워야 합니다. 그것이 곧 그릇을 키우는 수행이고 인생이라는 아름다운 여행을 이어가는 방법입니다.

물론 그 여행의 테마는 사람마다 다릅니다. 어떤 사람은 노래로, 어떤 사람은 기술로, 어떤 사람은 사업으로 그릇을 키웁니다. 운동과 양육 또는 교육에 인생의 목적을 두는 사람들도 있습니다.

모든 사람이 큰 부자가 될 필요도, 모든 사람이 천재가 되어야 할 필요도 없습니다. 할 수 있는 일이 적은 사람보다는 많은 사람이 매력적이기는 하지만 모든 사람이 모든 일을 다 할 필요는 없습니다. 저도 여전히 할 수 없는 일이 많습니다. 그렇기에 누구나 곁에 함께 할 사람이 필요합니다.

자신이 잘하는 일을 통해 그릇을 키워나가면서, 자신이 할 수 없는 일을 만나면 주변에 도움을 요청하고, 잘하는 일을 만나면 다른 사람을 도와주면 됩니다. 서로 돕고 수행하고 즐기면서 인생의 여정을 함께 걸어가는 동료가 있어야 합니다. 어쩌면 인생에서 가장 중요한 것은 함께 할 수 있는 동료를 만나는 것이 아닐까요?

저도 한때 무슨 일이 닥쳐도 마음을 다스리고 좋은 기분을 유지하기로 결심한 적이 있습니다. 그런데 제 주변에는 자꾸 언짢은 일이 일어났습니다. 저는 제 주변에서 일어난 일들을 하나씩 돌이켜보면서 왜 언짢았는지, 왜 기분 좋은 상태로 있을 수 없었는지를 곰곰이 생각해 보았습니다.

제 감정을 방해하는 요인을 발견하고 그 감정의 밑바닥까지 파고 들어가 보니 거기에는 바로 '나'가 있었습니다. 마음이나 행동에 한계를 만들고 그릇을 작게 만드는 원인은 '나'를 앞세우려는 마음이었습니다.

그 뒤로 저는 일부러 밝은 미소를 지어보기도 하고, 안 좋은 일이 생겨도 '뭐 어때?'하며 가볍게 대하는 버릇을 들이기 시작했습니다. '나도 열심히 하고 있고 충분히 사랑받고 있으니, 상대가 어떻게 되든 상관없다.'라고 생각했습니다. 그래도 불안과 분노가 가라앉지 않으면 스스로 '자신과 주변 사람을 진심으로 사랑하고 있는가?'하고 물었습니다. 그리고 사랑하는 마음을 더욱 잘 전달하고자 노력했습니다.

이렇게 노력한 결과 신기하게도 불안과 분노가 사라졌고, 상대를 용서하는 마음이 생겼습니다. 그리고 무엇보다 마음이 가벼워졌습니다. 마음이 가벼워지니 주변 사람의 마음도 가볍게 해줄 수 있는 여유가 생겼습니다. '늘 고맙습니다.', '언제나 최선을 다하는 모습이 보기 좋아요.', '당신이 있어서 정말 든든합니다.'라며 사람들의 마음을 다독였습니다. 그때부터 저에게 일어나는 일도 서서히 밝은 기운으로 바뀌는 것을 실감했습니다.

주변 사람들과 지혜를 주고받으면서 행복하게 살기 위해서는 마음을 다해 사랑하고 용서하는 능력을 길러야 합니다. 진짜 사람의 그릇이란 이런 능력이 아닐까요? 앞으로의 세상은 기술이나 요령만으로 성공할 수 없습니다. 진심어린 마음과 따뜻한 정이 중요한 시대가 올 것입니다. 그러니 인간으로서의 매력과 역량은 더욱 중요해질 것입니다.

나만의 그릇을 키우는 여정

시바무라 에미코

인생을 바꾼 운명적 만남

저는 홋카이도에 있는 산으로 둘러싸인 작은 마을 가미시호로에서 태어났습니다. 어렸을 때부터 노래 부르기를 좋아해서 가수가 꿈이었습니다. 고등학교 1학년 때, 한 공개 오디션 프로그램의 홋카이도 예선에 참여하여 우승을 차지하기도 했습니다. 도쿄에서 본선이 열렸지만 어머니와 주위 사람들의 반대로 참가하지 못했습니다. 그래도 포기할 수 없었습니다. 학교를 졸업한 후 도쿄에 가서 가수의 꿈을 이루기로 다짐했습니다.

하지만 홋카이도를 떠나려면 가장 먼저 어머니의 허락을 받아야 했습니다. 그 방법을 고민하던 중, 한 가지 아이디어가 떠올랐습니다. 어머니에게 지압 공부를 하기 위해 도쿄로 가겠다고 말씀드리기로 했습니다.

어머니는 잡화점을 운영하면서 지압사로도 일하셨습니다. 그래서 저는 어머니의 뒤를 잇고자 도쿄의 지압 전문학교에 가고 싶다고 말씀드렸습니다. 처음에 어머니는 삿포로에도 좋은 학교가 있을 거라며 반대하셨습니다. 저는 최고의 학교에서 지압을 배우고 싶다며 어머니를 끝까지 설득했고, 긴 노력 끝에 마침내 허락을 받을 수 있었습니다. 고등학교를 졸업하고 저는 꿈에 그리던 도쿄에 가게 되었습니다.

　지압 전문학교 입학식 날, 새로운 친구 한 명을 만나게 되었습니다. 당시에는 전혀 상상도 못 했지만, 그 만남은 제 인생을 바꾼 운명적인 만남이었습니다. 그 만남의 주인공이 바로 히토리 선생님입니다.

　히토리 선생님을 만난 후, 제 인생에는 정말 많은 변화가 찾아왔습니다. 그분을 만난 날부터 저는 그릇을 단단하게 키워가는 여정을 시작하게 되었습니다. 그 결과 평생 걱정 없이 지낼 수 있을 만큼 돈을 벌었습니다. 그뿐만 아니라 홋카이도부터 규슈, 오키나와까지 훌륭한 동료들을 두고 소통하며 매일매일 즐겁게 지낼 수 있게 되었습니다. 이 모든 변화는 히토리 선생님에게 사업가로서의 그릇, 큰돈을 다룰 수 있는 그릇, 그리고 사람들의 지지를 얻을 수 있는 그릇을 키우는 방법을 두루 배운 덕분입니다.

이 장에서는 지금껏 강연이나 저서에서는 거의 다루지 않았던 개인적인 이야기를 전하려 합니다. 히토리 선생님과의 첫 만남에서부터 제가 어떤 과정을 통해 그릇을 키워왔는지, 그리고 그 과정에서 어떤 깨달음과 전환점을 맞이했는지를 구체적으로 풀어내고자 합니다.

 저처럼 평범했던 사람이 어떻게 변화할 수 있었을까요? 그 실마리를 발견할 수 있다면 분명 여러분의 삶에도 작은 씨앗이 뿌려질 것입니다. 그 씨앗이 자라서 여러분의 인생에 새로운 기회와 만남을 불러올 것입니다.

숨어 있던 자질의 발견

 전문학교 수업을 수강하면서 저는 지압 기술에 관한 공부를 정말 열심히 했습니다. 도쿄에 가는 것을 허락해 주신 어머니를 생각할 때마다 감사한 마음이 들면서도, 한편으로는 죄책감도 들었습니다. 그럼에도 불구하고 가수의 꿈은 여전히 포기할 수 없었습니다. 지압 공부를 성실하게 하다 보면, 언젠가 도쿄에서 가수가 되는 날이 올 거라는 희망을 품고 있었습니다. 이 꿈은 어머니에게도, 친한 친구들에게도 말하지 않았던 비밀이었습니다.

 그러던 어느 날, 같은 반 친구였던 히토리 선생님이 저에게 말했습니다.

 "요즘 사람들은 가수나 아이돌에 푹 빠져있습니다. 그들을 동경하면서 그들처럼 되고 싶어 합니다. 하지만 TV 화면으로 보는 세계와 실제 세계가 아주 다르다는 사실을 깨닫지 못하는 사람들이 많습니다. 가수나 아이돌보다 훨씬 더 즐거운 세계가 있답니다. 그중에서도 사업가는 세상의 흐름을 바꿀 수 있는, 아주 중요하고도 흥미 있는 직업이지요."

히토리 선생님은 제 얼굴을 가만히 바라보며 계속 말했습니다.

"에미코는 정말 일을 잘하는 사람이네요. 사업가가 제격입니다. 세상에는 돈이 흐르는 강이 있습니다. 그 강에 손을 담그면 물길이 나를 향해 바뀌어 돈이 나를 향해 흐르게 됩니다. 어때요? 그 강에 손을 담가 흐름을 바꿔보고 싶지 않나요?"

그 말을 듣고 저는 깜짝 놀랐습니다. 세상에 돈이 흐르는 강이 있다니. 사업가가 그 흐름을 바꿀 수 있다니! 그러나 그 무엇보다도, '사업가가 잘 어울린다.'는 말이 무척 듣기 좋았습니다.

저는 초등학생 때부터 집에서 잡화점 일을 돕거나 신문 배달을 해왔기 때문에, 일하는 데에 익숙했습니다. 히토리 선생님이 저의 이런 면을 알아보고 '일을 참 잘하는 사람'이라고 말해준 것 같아 무척 기뻤습니다. 지극히 평범한 저에게 사업가의 자질이 있다고 말해주었으니까요. 홋카이도의 시골에서 막 도쿄로 온, 가난하고 배움도 부족한 저 같은 사람에게 사업가가 어울린다니. 사업가가 되면 세상과 돈의 흐름을 바꿀 수 있다니, 생각만 해도 가슴이 두근거렸습니다. 이날부로 제 꿈은 가수에서 사업가로 바뀌었습니다.

대화를 나누고 한참 뒤 어느 날 저는 히토리 선생님에게 "사실 제 꿈은 가수였어요!"라고 털어놓았습니다. 그러자 히토리 선생님은 알고 있었다고 하셨습니다.

그 때 저는 깨달았습니다. 그릇이 큰 사람이란 자신뿐 아니라 다른 이의 꿈과 자질까지 꿰뚫어 볼 수 있는 안목을 가진 사람임에 틀림없다는 사실을.

시야를 넓히면 새로운 기회가 보인다

그릇을 키우는 방법은 목표와 포기를 새로운 시각으로 정의하는 것입니다. 다음의 이야기를 읽으면 이해하기가 쉬울 것입니다.

히토리 선생님은 전문학교에 다니던 시절에도 인기가 많았습니다. 쉬는 시간마다 히토리 선생님 주위에는 남녀를 가리지 않고 많은 사람이 모였고, 그 덕분에 자연스럽게 모임이 생겼습니다.

히토리 선생님은 지각과 결석이 잦았지만, 이것과는 관계없이 항상 반에서 인기가 많은 학생이었습니다. 그분이 결석한 날이면 미리 정해놓거나 부탁하지 않아도 누군가가 대신 출석부에 이름을 써주었습니다. 당시 학생이었던 히토리 선생님은 지위와 명예와 부는 없었지만, 사람을 따뜻하게 감싸

주는 큰 그릇을 가지고 있었습니다. 히토리 선생님의 그릇은 지금도 변함없습니다.

 처음으로 히토리 선생님의 특별한 사고방식을 알게 된 사건이 있었습니다. 학교에서 친구들과 운동회를 준비하던 중이었습니다. 경기 종목 중 하나인 '공굴리기'가 시작되기 직전인데 경기에 사용할 공이 보이지 않았습니다. 저는 친구들과 여기저기 흩어져 공을 빌릴 곳을 찾아 뛰어다녔습니다. 하지만 좀처럼 공을 빌릴 수가 없었습니다.

 모두 거의 포기한 상태로 "큰일이야, 정말 막막해."라고 말하고 있던 그때, 히토리 선생님이 홀연히 나타나서 "무슨 일이지요?"하고 물었습니다. 제가 상황을 설명하자, 히토리 선생님은 이렇게 한마디를 남기셨습니다.

"큰일은 일어나지 않아요."

처음 그 말을 들었을 때 저는 '저 사람, 뭐 이렇게 태평한 말을 하는 거지? 지금 모두가 공을 구하지 못해 곤란해 하고 있는데.'라고 생각했습니다. 그렇지만 히토리 선생님은 전혀 조급해 보이지 않았습니다. 늘 그랬듯이 미소를 지으며 여기저기 전화를 걸기 시작했습니다. 계속 거절당해도 히토리 선생님은 절대 포기하지 않았습니다. 결국 그분은 공을 빌릴 곳을 찾았습니다. 그렇게 우리 반은 운동회에서 공굴리기 경기를 무사히 마칠 수 있었습니다.

그때 저는 히토리 선생님에게 "히토리 선생님은 정말 끈기 있고, 절대 포기하지 않는 사람이군요."라고 말했습니다. 그러자 히토리 선생님은 이렇게 대답했습니다.

"에미코가 말하는 '포기하지 않는다.'라는 것과 내가 생각하는 '포기하지 않는다.'라는 것은 조금 다릅니다. 저는 '목적'을 포기하지 않습니다. 즉, 운동회를 재미있게 만들겠다는 목적을 포기하지 않는 거지요.

한 가지 목적을 이루려는 방법은 무수히 많습니다. '공이 필요하다.'라고 생각했다면, 그 공을 찾을 때까지 계속 전화를 거는 겁니다. 만약 그래도 공을 찾지 못하면, 그때는 공이 '필요 없었다.'라고 결론 내리는 거죠. 왜냐하면 찾지 못했으니까요. 하늘이 그것은 필요 없다고 말해주는 거니까요.

그다음에는 공이 없어도 더 재미있는 운동회를 만들 수 있는 방법을 생각하면 됩니다. 예를 들어, 공 대신 굴릴 만한 무언가를 직접 만들어도 되고, 사람을 대신 굴려서 '사람 공굴리기'를 해도 좋고, 또는 '공굴리기'가 아닌 다른 경기를 고안해서 진행할 수도 있겠지요. 여기서 가장 중요한 것은 공을 찾는 것이 아니라, 운동회를 재미있게 성공시키는 것이니까요.

인생에서도 마찬가지입니다. 무슨 일이 있어도 포기하지 않고 노력하는 자세가 가장 중요합니다. 같은 노력을 계속하는 것이 중요하다고 생각하는 사람들이 있습니다. 그것이 진짜 목적에서 벗어난 것일 수도 있는데 말이지요. 제가 말하는 '큰일은 일어나지 않아'의 의미는 곤란한 일이 절대 일어나지 않는다는 말이 아니라 방법을 바꿔도 큰일은 일어나지 않는다는 의미입니다. 그래서 일단 열심히 해보고, 그래도 잘 풀리지 않으면, 그 방법이 정말 필요한지, 그 방법이 아니면 목적을 달성할 수 없을지를 생각해 봐야 합니다. 그 과정에서 진짜 중요한 목적이 보이기 시작한답니다."

그릇이 큰 사람은 '큰일'을 대하는 관점이 남다릅니다. '공 굴리기 경기에서 공이 없는 사건'은 모두에게 똑같이 닥친 일입니다. 하지만 우리는 그것을 '큰일'로 보았고, 히토리 선생님은 '방법을 바꿀 기회'로 여겼습니다. 그릇을 크게 키우면 사건을 더욱 여러 각도로 바라볼 수 있고, 더 넓은 시야에서 판단할 수 있게 됩니다. 결과적으로 더 많은 기회를 만나고 더 나은 선택을 하게 됩니다.

그릇을 더 크게 키우는 전환점

저는 전문학교를 졸업한 후 아카사카의 한 지압원에 취직했습니다. 주로 정치인이나 대기업 임원들이 자주 방문하는 곳이었습니다. 100% 성과급제였기 때문에 안정적인 급여가 보장되지 않았습니다. 저는 그런 조건에 연연하지 않고 지압 기술을 갈고닦았습니다. 서비스와 고객 응대에도 노력을 기울였습니다.

그곳에서 일하면서 고객들에게 들은 다양한 이야기는 저에게 큰 도움이 되었습니다. 정치나 경제 분야부터 신비로운 주제, 농담이나 재미있는 이야기까지 다양한 내용의 이야기를 들을 수 있었습니다. 저는 그 이야기를 각 고객의 관심사에 맞추어 다시 들려주곤 했습니다. 이런 노력이 좋은 평가로 이어지면서 저를 찾는 고객 수가 점점 늘어났습니다. 지압사로서의 기술수준뿐만 아니라 서비스와 고객 응대 등 여러 방면에서의 능력을 계속 키웠습니다. 그러자 어느새 저는 지압원에서 가장 인기 있는 지압사가 되었습니다.

저에 대한 소문이 났는지 "이번에 하와이에 지압원을 새로 개설하게 되었습니다. 그곳의 책임자로 와주시겠습니까?", "더 나은 근무 조건을 제시할 테니, 우리 지압원에서 일해주시겠습니까?" 등의 다양한 스카우트 제안을 받기도 했습니다.

모든 상황이 순조롭게 흘러가던 어느 날, 갑작스럽게 어머니가 쓰러지셨다는 연락을 받았습니다. 다행히 생명에는 지장이 없었지만, 장기적인 간호가 필요한 상태였습니다. 저는 과감하게 홋카이도로 돌아가기로 했습니다.

그때 홋카이도로 돌아가지 않았다면, 지금도 도쿄에서 지압사로 일하고 있을 겁니다. 지금처럼 히토리 선생님의 일을 도울 기회도, 풍요와 행복을 누리는 삶도 없었을 것입니다. 그 당시 어머니가 쓰러지신 일, 그리고 홋카이도로 돌아가기로 한 일은 하늘이 미리 정해둔 섭리였을지도 모릅니다.

저는 홋카이도로 돌아와 오비히로에서 지압원을 시작했습니다. 개업 초기에는 한산했지만, 지역 신문에 소개된 후로 고객이 조금씩 늘었습니다. 그 고객들이 단골이 되고, 단골들의 입소문을 통해 고객이 점점 더 늘어나면서, 매출도 꾸준히 상승했습니다.

그러던 어느 날, 히토리 선생님이 홋카이도에 찾아왔습니다. 작지만 제 이름으로 된 가게를 운영하고 있고, 매출도 오르고 있었기 때문에 사업가로서 첫발을 내디딘 저를 칭찬해 주리라 기대했습니다. 하지만 예상치 못하게 히토리 선생님은 다음과 같이 말했습니다.

"이 가게의 면적은 몇 평이지요? 임대료는 얼마고요? 이 가게를 24시간, 100% 활용하고 있나요?"

저는 선생님의 물음에 선뜻 답을 할 수 없었습니다. 사실 이 사업의 한계를 조금씩 느끼고 있었습니다. 손님이 많아져도 혼자서 서비스하는 상황이라 하루에 응대할 수 있는 고객의 수가 제한적이었습니다.

제가 갑자기 감기에 걸리거나 몸 상태가 안 좋으면, 가게

매출에 직격탄이 되었습니다. 이와 같은 상황에서 24시간, 100% 활용하고 있다고 대답할 수가 없었습니다.

지압사가 되었을 때부터 지압 기술 향상만이 유일한 성장의 길이라 믿었습니다. 그래서 오로지 지압 기술을 갈고닦는 일에만 매진해 왔습니다. 그러나 경영자가 되어 보니, 그것만으로는 충분하지 않았습니다. 즉, '기술자'에서 '경영자', '사업가'로 사고방식을 바꾸어야 했습니다. 계속 기술에만 집착했다면 기술자로서의 그릇만 성장했을 뿐, 그 이상의 능력이나 가게를 100% 활용하는 방법은 찾지 못했을 것입니다. 그때 히토리 선생님이 찾아와 깨달음을 주셨습니다.

갑작스러운 성공, 그로 인한 두려움

히토리 선생님의 조언을 받은 후, 저는 가게의 구석구석 모든 공간을 활용하여 히토리 선생님의 건강식품을 판매했습니다. 고객들이 건강식품을 복용하고 효과를 보자 지인들에게 추천하면서 입소문이 퍼졌습니다. '변비가 나았다', '어깨 결림이나 허리 통증이 없어졌다', '살이 빠졌다'는 등 긍정적인 후기가 넘쳐났습니다.

이 소식을 히토리 선생님에게 전하자, "그럼, 고객들의 이야기를 한번 정리해 보면 어떨까요?"라고 말했습니다. 그렇게 저는 인터뷰를 진행하여 고객의 목소리를 모두 모았습니다. 그것을 손님들에게 보여주자 무척 기뻐했습니다.

여기서 그치지 않고 저는 고객의 목소리를 전단으로도 만들어 배포했습니다. 덕분에 큰 성공을 거둘 수 있었습니다.

지압원을 처음 시작했을 때 월 매출이 50만 엔 정도였는데, 순식간에 300만~500만 엔까지 증가했습니다.

지압 치료만 했을 때는 아무리 열심히 해도 시간당 받을 수 있는 금액이 고작 3,500엔에 불과했습니다. 하지만 히토리 선생님의 건강식품을 판매한 후부터 분당 수만 엔을 벌 수 있었습니다.

그 후 저는 지압 치료를 그만두었고, 건강식품 판매에 전념했습니다. 지압원을 운영하던 시절에 하루에 고작 몇 만 엔을 벌던 제가 히토리 선생님의 건강식품을 취급하기 시작하면서 하루에 수십만 엔을 벌어들였고, 가게가 너무 바빠 은행에 갈 시간도 없었습니다. 은행원이 현금을 직접 가지러 가게에 방문한다는 사실조차 몰랐던 저는, 돈을 모두 옷장 안에 쌓아

두었습니다.

그렇게 쌓인 돈이 몇 백만 엔에 이르자 '도둑이 들면 어쩌지.'하고 걱정이 되었고, 큰돈을 보유하고 있다는 사실이 두려워지기 시작했습니다. 돈이 있으니 원하는 것을 살 수 있어서 즐겁기는 했지만 '과연 앞으로도 이렇게 벌 수 있을까?'하는 불안한 마음도 들었습니다. 이런 마음을 히토리 선생님에게 고백했습니다. 그러자 그는 이렇게 조언해 주었습니다.

"사람은 갑자기 높은 곳에 올라가면 주변이 낮아 보입니다. 그래서 두려운 마음이 들지만 곧 익숙해집니다. 게다가 에미코는 고객에게 기쁨을 주고, 주위 사람들에게도 기쁨을 주고 있잖아요? 이제는 하늘이 기뻐할 일을 마음에 둘 차례입니다. 하늘도 그 일을 반드시 도와줄 겁니다. 그러니까 걱정하지 마세요."

히토리 선생님의 조언을 듣고 나니 두려움과 불안이 순식간에 사라졌습니다. 그 후로는 돈을 버는 그릇뿐만 아니라, 큰돈을 유지할 수 있는 그릇도 키워야겠다고 결심했습니다.

상대를 귀하게 여기는 마음

고객들로부터 만족스럽고 기쁨이 가득한 후기와 감동적인 체험담이 속속들이 전해져 왔습니다. 그 이야기들을 모두 글로 정리해서 전단으로 배포하자, 반응이 엄청났습니다.

일이 너무 많아져서 지인들에게까지 시간제 업무를 부탁하면서 해결했습니다. 하지만 고객들의 주문이 갈수록 많아져서 감당할 수 없는 상태가 되었고, 때마침 지인의 소개로 장소를 빌려 발주 센터를 만들어서 상황을 무사히 넘기기도 했습니다.

신문에 광고 전단을 넣은 날 아침부터 전화벨이 울렸습니다. 저는 고객들의 질문과 상담에 응대하는 일, 주문받은 상품을 포장하고 출하하는 일 등 모든 일을 직접 처리했습니다.

하루에 출고한 상품 수만 해도 200개가 넘었고, 저와 직원

단둘이 한 달 동안 2,500만 엔의 매출을 올렸습니다. 더불어 2주 만에 웬만한 백화점의 출고량을 넘어서더니 '잘 팔린다.'라는 입소문이 퍼져 나가자 매출은 하늘 높은 줄 모르고 급상승했습니다.

고객들의 주문을 받을 때마다 저는 "상품이 도착하면 꼭 연락주세요."라고 말했습니다. 상품을 받은 고객들은 저에게 다시 전화를 걸어왔습니다. 그때마다 저는 복용법을 다시 설명해 주었고, "궁금한 점이 있으면 또 전화 주세요."라고 말하곤 했습니다. 그러면 고객은 실제로 다시 전화를 걸어왔고, 그 대화는 자연스럽게 추가 주문으로 이어졌습니다.

당시 히토리 선생님은 저에게 "고객과 함께 걸어가는 파트너가 되어야 한다."라고 조언해 주었습니다. 그래서 히토리 선생님에게 건강과 다이어트 상식에 대해 지속적으로 물어보고, 전문 서적을 읽으면서 열심히 공부했습니다. 저는 고객들의 건강 파트너, 다이어트 파트너가 되기 위해 진심으로 노력했습니다. 그 결과 사업의 규모가 오비히로에서 삿포로로, 급기야 홋카이도 전역까지 확장되었습니다.

사업가의 그릇을 키우던 중, 히토리 선생님에게 한 가지 제안을 받았습니다. "오사카라는 큰 시장을 맡아줬으면 합니다. 오사카에 가서 영업소를 세워보지 않을래요?" 그 후 저의 활동 무대는 오사카로 옮겨졌습니다.

무대를 오사카로 옮기고 얼마 지나지 않아, 홋카이도의 직원들로부터 보고를 받았습니다. 매일 고객들에게 "에미코 씨는 어디 갔나요?"라는 문의가 많이 온다는 내용이었습니다. 직원들에게 "에미코 씨는 지금 오사카에 출장 중입니다."라고 답해달라고 부탁했습니다. 그 대답을 들은 고객들은 "그럼, 에미코 씨가 돌아오면 꼭 전화 달라고 전해주세요."라고 메시지를 남겼습니다.

그동안 고객들에게 말하지 못한 것이 있었습니다. 그것은 바로 제가 사장이라는 사실이었습니다. 사장으로서가 아니라, 한 명의 조언자로, 건강과 다이어트의 파트너로서 고객과 만나고 싶었기 때문이었습니다. 그러다 한 할머니 고객의 전화를 받았을 때 처음으로 고백했습니다. 그녀가 제게 말했습니다.

"에미코 씨의 전화를 기다렸어요. 당신이랑 전화하면 기운이 나거든요."

그 말에 제 가슴이 벅차오르며 눈물이 흘러내렸습니다.

"저도 고객님과 통화할 때마다 정말 즐겁고, 행복했어요."

그리고 말했습니다.

"사실, 이번이 마지막 전화가 될지도 몰라요……."

"왜요?"

"저 사실, 사장이 되었어요."

그러자 그 할머니는 크게 놀라면서도 몹시 기뻐했습니다.

"그랬군요! 열심히 해보세요! 에미코 씨가 성공하면 내 자식이나 손주가 성공한 것처럼 기쁠 것 같아요!"라고 말했습니다.

그 순간 '일하는 보람이란 바로 이런 것이구나!'하고 느꼈습니다. 나를 기다려주는 사람, 나로 인해 기뻐하는 사람이 있다는 사실을 깨달으면서 마음속 깊은 곳에서부터 힘이 솟아났습니다. 동시에, 사업가로서의 그릇을 키울수록 채워지는 것도 많아진다는 사실을 몸소 실감했습니다.

하늘이 기뻐하는 일에 몰두하다

히토리 선생님에게 오사카에서 일해보라는 제안을 받았을 때, 솔직히 약간 불안했습니다. 당시 오사카와 고베에서는 폭력 집단 간의 흉흉한 사건이 빈번하게 일어난다는 소문이 있었기 때문입니다.

하지만 히토리 선생님의 말은 지금껏 단 한 번도 틀린 적이 없었습니다. 그분은 언제나 심사숙고 끝에 상황을 정확히 판단했고, "분명 하늘이 도와줄 것"이라고 말했습니다. 저는 그 믿음을 마음속 깊이 품고 격려의 말에 힘을 얻어 오사카 행을 결심했습니다.

오사카로 떠나는 날, 하필 태풍이 강타했습니다. 호우 경보가 내려 비행기가 무사히 이륙할지도 알 수 없는 상황이었습니다. 공항에서 네 시간이나 발을 동동 구르며 기다린 끝에 겨우 비행기에 탑승했습니다.

기내 안내 방송에서는 "곧 이륙합니다만 기체가 크게 불안정 할 것으로 예상됩니다."라는 경고가 흘러나왔습니다.

저는 '가기로 했으면 가는 거야!'라고 다짐했지만, 여전히 불안한 마음을 안고 좌석에 앉아 있었습니다.

얼마 지나지 않아, "곧 저희 비행기는 오사카 이타미 공항에 도착합니다."라는 안내 방송이 흘러나왔습니다. 창밖을 내다보니 태풍이 한 차례 휩쓴 뒤의 타오르는 듯한 붉은 노을과 줄지어 늘어선 빌딩의 불빛들이 눈에 들어왔습니다. 마치 도시가 저를 맞이하는 듯한 느낌이 들었고, 비행기는 그 풍경 속으로 빨려 들어가는 듯했습니다.

그 순간, 머릿속에 한 마디가 떠올랐습니다. "이 도시를 풍요롭게 하세요." 히토리 선생님이 저에게 해준 말이었습니다.

그분의 말을 되새기며 다시 경치를 바라보니, 제 마음은 뜨겁게 타올랐습니다. '여기가 바로 멋진 승부를 치를 곳이구나!' 심장이 두근거리고, 온몸에 긴장과 설렘이 동시에 밀려왔습니다.

그렇게 제 오사카 생활은 시작되었습니다. 그 도시의 공기, 거리의 소음, 사람들의 움직임 하나하나가 새로운 도전과 기회로 느껴졌습니다. 앞으로 어떤 일이 기다리고 있을지 모르는 설렘과 함께, 첫걸음을 내디뎠습니다.

오사카 사람들은 걱정했던 바와는 전혀 달랐습니다. 고맙게도, 낯선 저를 매우 친절하고 따뜻하게 맞아주었습니다. 무사히 사무실을 빌린 후 제1의 목표는 어떻게든 매출을 올리는 것이었습니다. 저를 믿고 일본에서 두 번째로 큰 시장인 오사카를 맡겨준 히토리 선생님에게 꼭 보답하고 싶은 마음뿐이었습니다.

그러기 위해 스스로 사업가로서의 그릇을 더 크게 키워야만 했습니다. 목표를 이루기 위해 앞장서서 지휘했고, 아침 일찍부터 밤늦게까지 직접 전화를 받으며 일에 전념하는 나날을 보냈습니다. 직원들도 제 기대에 부응하여 정말 열심히 해주었습니다. 화장실 가는 시간과 점심시간을 제외하면, 대부분 전화기를 들고 있었습니다. 모든 일이 끝나면 누구도 더는 대화하고 싶지 않을 정도로 지쳐 있었습니다.

우리는 매일 함께 저녁을 먹었습니다. 밤 10시를 넘겨서야 일을 마쳤지만, 항상 함께 식사 자리를 가졌습니다. 직원들과 자주 가는 식당을 '마루칸 직원 식당'이라고 부르기도 했습니다.

함께 밥을 먹으면서 회의하는 시간은 매우 중요했습니다. 한솥밥을 먹으면 마음이 풀리고, 하고 싶은 말도 허심탄회하게 털어놓을 수 있었습니다. 들어보면 낮에 일하는 동안 서로에게 언짢은 일도 많았던 것 같습니다. 하지만 저녁을 먹으면서 속마음을 훌훌 털어놓곤 했습니다. 그렇게 서로를 이해하고 용서하기도 하며 홀가분한 마음으로 집에 돌아가곤 했습니다.

의견이 불일치하거나 불만이 있을 때도 일단 모여서 함께 밥을 먹었습니다. 밥을 먹으면서 각자의 의견을 듣고 대화하는 시간은 매우 중요했습니다. 그러다 보면 자연스럽게 조율이 이루어졌습니다. 가끔 열띤 토론이 벌어지기도 하는데, 주로 매출을 늘리는 방법에 관한 것이었습니다.

 이야기를 나누다 보면 새로운 전략과 다양한 아이디어가 떠오르고, 그 주제에 푹 빠져서 시간 가는 줄도 몰랐습니다. 그런 몰입의 경험으로 자연스럽게 끈끈한 유대감이 생겼고, 선의의 경쟁을 하며 함께 성장해 나가며 서로의 그릇을 키우는 계기가 되었습니다.

치열하게 경쟁하고 함께 성장하다

돌이켜보면, 제가 오사카 직원들을 대하는 방식은 히토리 선생님이 제자들을 대하는 방식과 비슷합니다. 히토리 선생님에게 일을 배우던 시절, 모두가 함께 여행을 떠나 허심탄회하게 사업 이야기를 나누며 식사를 했습니다. 저도 자연스럽게 그 방식을 이어가고 있었습니다. 그렇게 하다 보니 팀워크가 자연스럽게 형성되었습니다.

오사카에서 일하기 시작한 무렵부터 히토리 선생님을 존경하고 따르던 제자들은 차례차례 그의 일을 돕기 시작했습니다. 그리고 각자의 지역을 맡아서 일하게 되었습니다. 히토리 선생님은 제자들이 각 사업에서 선의의 경쟁을 할 수 있도록 게임을 제안했습니다. 바로 영토 점령 게임인 '구니토리 게임'이었습니다.

연매출 1위를 차지한 사람에게 담당자가 정해지지 않은 지역 중에서 원하는 지역을 맡기는 규칙의 게임이었습니다. 매출 순위는 단순히 총매출액으로만 결정되지는 않았습니다. 모두에게 공평한 기회를 주기 위해 해당 지역의 인구 비율에 따라 매출을 따져보았습니다.

제가 담당하던 오사카와 같이 인구가 많은 지역은 그에 상응하는 매출을 올려야 합니다. 저와 동료들은 '열정의 여자!'라는 구호를 내걸고, 모두 하나가 되어 함께 일에 매진했습니다.

매출 집계일 바로 전날, 태풍이 간사이 지방을 강타했습니다. 직원들에게 서둘러 퇴근하지 않으면 기차가 끊겨서 집에 돌아가지 못한다고 했지만, 아무도 퇴근하려 하지 않았습니다. 오히려 다음 날 출근을 못 할 수도 있으니, 회사에서 잠을 자겠다고 했습니다.

  이렇게 마지막까지 포기하거나 방심하지 않고 한마음으로 게임에 임했습니다. 모두의 노력 덕분에 당당하게 대망의 1위를 차지했습니다.

  새로운 지역을 골라 맡게 된 저는 직원들을 그곳에 파견하여 영업을 시작했습니다. 우리는 파견된 직원들을 '특수 부대'라고 불렀습니다. '특수 부대'로 선발된 사람들은 낯선 도시에서 몇 달이고 호텔에서 생활해야 했습니다. 그들 중에는 연인과 몇 달 동안 생이별을 하게 된 사람도 있었습니다.

  저는 그 직원이 걱정되어 "수개월 동안이나 못 만나도 괜찮겠어요?"라고 물었습니다. 하지만 그 직원은 "저에게는 이번 프로젝트가 정말 중요합니다! 게다가 이런 일로 불만을 토로

할 사람이라면 제가 먼저 차버릴 거예요!"라고 말했습니다. 어느 누구도 불평하거나 서운해 하지 않았습니다.

이렇게 각자의 자리에서 전심전력으로 함께해준 덕분에 그릇이 한 단계, 두 단계 더 크게 성장했습니다. 현재 저는 무려 13개 지역을 담당할 수 있게 되었습니다.

제가 사업에서 성공하여 억만장자가 될 수 있었던 것은, 히토리 선생님과 같은 훌륭한 스승을 만난 덕분입니다. 동시에 훌륭한 고객, 훌륭한 동료들을 만난 덕분이기도 합니다. 무엇보다 또 하나, 잊지 말아야 할 사실이 있습니다. 바로 훌륭한 선의의 경쟁자들 입니다.

히토리 선생님의 제자들은 각 지역에서 긴자 마루칸 판매 회사를 운영하고 있습니다. 그래서 서로가 훌륭한 동료이자,

좋은 경쟁자입니다. 하지만 사람들이 흔히 말하는 '경쟁자 관계'와는 완전히 다릅니다.

본사에서는 매일 각 지역의 판매매출을 집계하여 총매출과 인구비율을 고려한 1인당 총매출을 발표합니다. 게다가 어느 지역에서 어떤 상품이 얼마나 판매되었는지도 쉽게 확인할 수 있습니다.

매출이 상승하고 있는 지역에 매출 증가 비결을 문의할 수도 있습니다. 그러면 "좋은 홍보물을 만들었어.", "이번 광고 캠페인이 통했어."라는 등 가감없이 성공 노하우를 전해주었습니다.

물론 협업하는 동시에 서로를 경쟁자로 삼고 매출을 기준으로 치열하게 경쟁합니다. 경쟁이다 보니 이길 때도 있고,

질 때도 있습니다. 이기면 정말 기쁘고, 지면 당연히 속상합니다.

그러나 우리는 이겨도 자만하지 않고, 져도 주눅 들지 않습니다. 결과가 어떻든지 만나면 모두 친한 친구로 지냅니다. 멋진 동료이자 경쟁자로서 우리는 서로를 이끌어주고 서로의 그릇을 키워줍니다.

그러고 보니 히토리 선생님의 제자들은 모두 성격이 좋습니다. 좋은 성격이야말로 히토리 선생님의 제자라는 것을 증명해 주는 부분이기도 합니다. 이렇게 훌륭한 동료이자 경쟁자가 있었기에, 서로를 격려하면서 경쟁하고, 함께 그릇을 키울 수 있었습니다.

여기까지의 이야기만 들으면, 마치 실패 없이 성공만 거둔 사람처럼 보일지 모릅니다. 하지만 지금에 이르기까지 저는 수많은 실패를 경험했습니다. 대부분의 실패는 히토리 선생님의 조언을 따르지 않고 독단적으로 내린 결정 때문에 초래되었습니다.

한번은 제가 만든 홍보물 전단이 굉장히 만족스러웠습니다. 평소 같았으면 히토리 선생님의 확인을 거쳐 시장에 내보냈지만, 당시에는 왠지 히토리 선생님을 번거롭게 하는 것 같아 미안한 마음이 들었습니다.

게다가 '이 정도면 훌륭해!'라는 자만심이 생겨서 히토리 선생님과 상의하지 않고, 전단을 배포해 보기로 했습니다. 사실 히토리 선생님에게 "새로운 전단을 만들면, 반드시 작은 지역에서 먼저 시험 삼아 배포해본 뒤에, 큰 지역에서 배포해야 한다."라는 말을 늘 들어 왔지만 저는 그 조언을 무시하고 독단적으로 한 번에 많은 전단을 인쇄하여 배포했습니다.

결과는 참담했습니다. 고객들의 반응은 싸늘했고 수천만 엔의 큰 손실만 남았습니다.

사람은 잘될수록 자만하게 됩니다. 자만은 큰 실패로 이어지기도 합니다. 성공할수록 겸손해야 합니다. 내가 세운 성과가 나 혼자만의 힘에서 비롯된 것이 아님을 아는 태도, 그것이 교만을 막아주는 울타리가 됩니다.

잘될수록 상대방에게 감사해야 합니다. 함께 일하는 동료의 협력, 가족의 응원, 스승의 가르침, 그리고 내가 알지 못하는 누군가의 땀과 희생이 그 자리에 스며들어 있기 때문입니다. 세상에 감사하고, 하늘에 감사할 때 성공은 교만이 아니라 성숙으로 이어집니다. 감사하는 마음을 잃지 않으면 자만하지 않게 됩니다.

그리고 실패했을 때는 그 원인을 파악하고 두 번 다시 같은 실수를 저지르지 않도록 조심해야 합니다. 실패를 통해 교훈을 얻는다면 성공으로 가는 길이 단축 될 수 있습니다.

실패를 극복했을 때 사람의 그릇은 또 한 번 커지게 됩니다.

누구나
실천할 수 있는
그릇을
키우는 법

사이토 히토리

나를 비우는 그릇

그릇을 한마디로 무엇이라고 표현할 수 있을까요? 제 생각에는 '자신을 비우고, 인간적이고 올바르게 생각하는 태도'인 것 같습니다.

예를 들어 결혼 한 뒤에 "당신 이제 결혼했으니 이것도 안 되고 저것도 안 돼!"라고 말하는 편보다는 "결혼했으니 당신이 할 수 있는 일 더 많아졌어요."라고 말하는 편이 좋을 것입니다. 누구에게나 할 수 있는 일이 많은 편이 좋은 것은 당연한 일이겠지요.

저는 사람들이 전보다 더 다양한 일을 할 수 있도록 도와주고 싶습니다. 물론 실제로도 제 제자들 모두 자유롭게 다양한 일을 할 수 있게 되었습니다.

역량이란 좋다고 생각하는 것을 분명하게 좋다고 말할 수 있는 용기이도 합니다. 제가 고급 세단인 재규어를 몰기 시작하자 제자들도 "나도 재규어를 모는 사람이 되고 싶어요!"라고 말하기에 어떻게 하면 재규어를 탈 수 있는지를 열심히 가르쳐주었습니다. 그리고 실제로 모두 재규어를 탈 수 있게 되었습니다. 잘된 일이지요.

하지만 보통 회사에서는 사장이 고급 외제차를 타면 직원은 그보다 낮은 등급의 차를 타야 한다는 암묵적인 사회적 약속이 있습니다. 하지만 자신이 좋은 차를 타야 하는 이유가 분명하다면 타고 싶은 차를 타는 게 맞습니다.

이런 경우에 직원에게 어떤 차를 타든 상관없다고 말하는 것이 사장의 역량입니다. 직원이 어떤 차를 타느냐는 문제가 될 일이 아니기 때문입니다. 하지만 이렇게 생각하지 못하는 사람들이 많습니다. 물론 특정 차를 타면 안 되는 타당한 이유가 있다면 괜찮습니다. 그러나 간혹 '꼭 저렇게까지 해야 할까?'라는 생각이 들 정도로 행동하는 사장들도 있습니다. 그렇게까지 행동하는 이유는 본인의 자존심 때문이 아닐까요?

동시에 역량이란 필요하지 않은 것을 필요하지 않다고 말할 줄 아는 용기이기도 합니다. 저는 어떤 일을 할 때 기본적으로 행복해지고 싶다는 마음으로 시작합니다. 제자들을 두는 이유는 그들을 행복하게 해주고 싶어서이지, 제가 돋보이고 싶어서가 아닙니다.

그래서 누군가를 제자로 삼을 때는 그 사람을 행복하게 만들어주겠다는 마음으로 출발합니다. 만약 제자 중 누군가가 경제적으로 풍요로워져 외제차를 사려고 하는데, 그것을 반대한다면 제자의 행복을 위한 일이 아닙니다. 저는 그릇의 크기는 최종적으로 행복론에 귀결된다고 생각합니다.

그런 저도 이따금 "그것은 안 됩니다"라고 말하기도 합니다. 예를 들어 제자들이 갖고 싶은 것을 제게 사달라고 할 때가 그렇습니다. 그러나 스스로 사겠다는 것을 말린 적은 없습니다.

소유에 대한 저의 기준은 '어느 선택이 행복에 가까운가?'입니다. 스스로 일해서 생계를 유지할 수 있다면 그것으로 행복한 일입니다. 제트기를 살 능력이 있으면서 갖고 싶다면 사면됩니다. 자신의 능력으로 산 것이라면, 신발 한 켤레를 사는 일이나 제트기 하나를 사는 일은 서로 다르지 않습니다.

사람에 따라 능력이 다를 뿐이고, 가진 돈이 다를 뿐입니다.

　자동차를 사는 일을 사치라고 여기는 사람도 있습니다. 그 중에는 자동차를 살 능력이 없는 사람도 있고, 살 능력이 있더라도 그 돈으로 불우 이웃을 돕기 위해 대중교통을 이용하는 사람도 있습니다. 또 일반 차를 사는 것이 부담스러워서 경차를 사는 사람도 있습니다. 저마다 경제적 사정이 다를 뿐입니다. 자신의 능력 안에서 행복을 찾으면 됩니다. 어떠한 빈곤도 평생 가지 않습니다. 누구나 풍요로워질 수 있습니다.

　자신의 기분을 스스로 다스린다는 것은 정신론에서도 무척 중요한 개념입니다. 사람은 기분이 나쁠 때보다 좋을 때 멋진 사람이 될 수 있습니다. 주변 사람들도 한 사람의 그릇이 큰지 작은지 보다는 기분이 좋은지 나쁜지를 먼저 보고 느낍니다.

예를 들어, 부하 직원이 자신보다 더 좋은 차를 몰면 언짢게 생각하는 사람이 있습니다. 고작 그 정도 일에 기분이 상하는 사람도 있는 것이지요.

　간혹 제자들이 제 덕분에 외제차를 탈 수 있게 된 것으로 생각하는 사람이 있습니다. 그러나 저는 "스승인 나에게 그렇게 신세를 져놓고 스승의 차를 추월하다니!"라고 생각하는 대신 제자들이 좋은 차를 타는 일이 스승의 은혜를 만천하에 알리는 일이라고 생각합니다.

　세상에는 자신의 생각대로 되지 않는 일이 무척 많습니다. 그것에 일일이 불만을 갖고 언짢아한다면 평생 짜증만 내야 할 것입니다.

　사람은 무엇보다 자신의 기분을 잘 다스릴 줄 알아야 합니다. 부하 직원이 자신보다 좋은 차를 탔다면 "축하하네!"하며 기뻐해줄 일입니다. 부하 직원이 좋은 차를 타는 일은 상사의 뛰어난 리더십을 보여주는 증거이기 때문입니다. 더 나아가 서로가 "당신 덕분입니다."라고 말할 수 있다면 얼마나 기분이 좋을까요?

사람의 역량이란 그런 것입니다. 자신의 기분을 스스로 다스리지 못하면 역량은 커지지 않습니다. 저는 늘 제 기분을 좋게 유지하려고 노력합니다. 어렵지 않느냐고 묻는 사람들도 있지만 막상 해보면 힘든 일도 어려운 일도 아닙니다.

'자신에게 일어난 일을 어떻게 받아들일 것인가?' 그리고 '무슨 일이 일어나도 내 기분은 내가 다스린다.'라는 두 가지 생각을 하면 됩니다.

예를 들어, 앞뒤가 꽉 막힌 사람을 만났을 때 '하늘이 나에게 설득력을 키울 기회를 주나 보다'라고 생각할 수 있다면, 오히려 감사하고 기쁜 일이 되는 것입니다. 즉 자신에게 무슨 일이 일어나든 모두 유익한 일이자 내 그릇을 키우기 위한 훈련이라고 생각하면 됩니다.

짜증을 내기보다 늘 좋은 기분을 유지하기 위해 가장 필요한 것은 바로 '이성'입니다. 어떤 일에 짜증이 나는 이유는 거기에 감정이 녹아 있기 때문입니다. 감정에 쉽게 휘둘리는 자신을 신이 나게 하려면 이성이 필요합니다. 즉 역량을 높이기 위해 필요한 것이 이성이라는 의미입니다. 사람은 기분이 좋을 때도 있고 나쁠 때도 있기 마련입니다. 가끔 너그러운 말을 하기도 하지요. 너그러운 마음을 오래 유지하려면 이성을 지녀야 합니다.

  무엇인가를 오래 유지하면 습관이 되어 자연스럽게 몸에 배기 마련입니다. 이를 닦는 것과 마찬가지이지요. 처음 이 닦는 법을 배울 때는 윗니, 아랫니, 어금니, 앞니 하는 식으로 순서를 외우며 닦다가도 일단 습관이 되면 의식하지 않고 자연스럽게 닦게 되지요. 이와 마찬가지로 어느 정도 인내하면 습관이 되고 습관이 되면 힘들지 않습니다.

  부하 직원이 자신보다 좋은 차를 타면 배가 아픈 이유는 그가 자신을 추월하면 어쩌나 하는 마음 때문은 아닐까요?

  에미코 사장이 사업가로 성공해서 큰 부자가 될 수 있었던 것은 저의 가르침을 받은 덕분도 있겠지만, 대부분 스스로 노력해서 이룬 것입니다. 그런데도 에미코 사장은 "저 사람은 히토리 선생 덕분에 성공한 거야!"라는 말을 평생 듣게 됩니다. 사람들이 보기에 자식이 부모의 나이를 추월할 수 없는 것처럼 제자도 평생 스승의 그늘을 벗어날 수 없는 모양입니다. 그런 제가 제자들이 저보다 잘나간다고 벌벌 떨며 '혹시 나를 추월하면 어쩌지'라고 생각할 리가 없겠지요?

자신이 최고이고 제자가 두 번째면 봐줄 만하겠다고 말하는 사람도 있습니다. 하지만 그런 태도야말로 자신의 역량이 얼마나 작은지를 드러내는 것입니다.

"자네가 출세한 것이 누구 덕분이라고 생각하나?", "내가 그만큼 보살펴줬으니 자네는 당연히 감사해 마땅하지!"라고 말하는 것이야말로 자신이 아랫사람보다 못하다는 사실을 드러내는 것입니다. 그 말을 들은 주변 사람들은 그 상사를 어떻게 볼까요?

직원이나 제자가 출세하면 진심으로 기뻐하고 축하해줘야 합니다. 그런 진정성 있는 태도에서 지도자로서, 스승으로서, 선배로서의 깊은 역량이 드러납니다.

이렇게 그릇이 큰 사람이란, 역량이 좋은 사람입니다. 재능이 다양하고 뛰어나면서 상황을 너그럽게 받아들이고 해결할 줄 아는 사람이라고 할 수 있습니다.

아집을 비우는 그릇

세상의 모든 일은 실력의 차원을 넘어서면 그 뒤부터는 역량 승부입니다.

승부에서 패하는 이유는 역량이 부족하기 때문입니다. 역량이 부족한 사람은 아무리 노력해도 역량이 큰 사람을 이길 수 없습니다. 역량이 부족한 사람은 '나'라는 자아가 너무 강한 사람입니다.

규슈에는 '양지 바른 집'이라는 유명한 식당이 있습니다. 그 식당을 운영하는 청년은 나가마츠 시게히사*입니다. 저는 그를 시게라고 부릅니다. 시게는 유명 타코야키 가게에서 직원으로 근무했고, 그 후 자신의 가게를 개업하면서 지인 10명을 초대하여 시식회를 열었습니다.

---

* 『사이토 히토리의 사람을 움직이다』의 저자.

시식회에서 시게는 두 종류의 타코야키를 선보였습니다. 하나는 자신이 일했던 유명 가게의 메뉴를 본 뜬 것이었고, 다른 하나는 자신이 개발한 '헬시 타코야키'였습니다. 시식 평을 들어보니 10명 모두 유명 가게의 메뉴와 비슷한 타코야키가 더 맛있다고 했습니다. 시게는 자신이 직접 개발한 타코야키로 좋은 평가를 받고 싶은 욕심이 있었습니다. '나'가 강한 상태였습니다.

그럼에도 불구하고 그는 사람들이 맛있다고 평가한 타코야키로 사업을 시작했습니다. 현재 시게의 가게는 일본 전역에서 찾아오는 손님들로 문전성시를 이루는 핫플레이스가 되었습니다. 만약 시게가 본인이 개발한 메뉴에만 집착했다면 지금처럼 성공하지 못했을 것입니다. 그는 아집을 버리고 사람들의 의견을 수용한 덕분에 훌륭한 사업가로 성공할 수 있었습니다.

  일이나 사업에 실패하는 사람 중에는 아집이 강한 사람이 많습니다. 그들은 자신의 개성을 드러내지 못해 안달입니다. 그러나 개성과 아집은 엄연히 다른 것입니다. 개성은 꼭 필요하지만 아집은 없어도 됩니다.

  학교에서 학생들이 모두 같은 교복을 입고 있어도 각자 다른 모습인 것처럼, 기존 것을 모방한다고 해서 본인의 개성이 사라지지 않습니다.

  아집이 강한 사람은 늘 자신이 옳다는 생각에 사로잡혀 있습니다. 그러나 사업에서 옳고 그름을 결정하는 사람은 내가 아닌 고객입니다.

일단 상품을 출시하면 평가는 손님 몫입니다. 그래야 시장을 올바르게 판단할 수 있습니다. 아집을 가지면 판단력이 흐려집니다. 자신을 비우고 귀를 열면 어느 방향으로 나아갈지 판단할 수 있을 뿐만 아니라, 그 판단도 틀리지 않습니다. 물론 아집이 강한 사람이 역량이 부족하다고 할 수는 없습니다만, 아집을 버리면 버릴수록 역량도 자연스레 커지게 됩니다.

 재능이 아무리 훌륭해도 업적이 정말 탁월하다해도 절대 해서는 안 되는 일이 있습니다. 바로 우쭐하는 태도입니다.

 우쭐하며 잘난 체하는 사람은 자신의 감정을 다스리지 못합니다. 자신의 감정을 다스릴 줄 아는 사람은 칭찬을 받거나 주목을 받으면 감사하는 마음을 갖고, 그렇지 못해도 개의치 않습니다.

레스토랑에서 종업원들에게 거만하게 구는 사람들도 있습니다. 절대 해서는 안 되는 일입니다. 손님으로서 대가를 지불했으니 그럴 수도 있다고 생각하는 사람도 있습니다. 이런 사람은 식사를 즐기기보다는 돈을 내고 비위를 맞춰줄 사람을 찾는 것입니다.

　저는 남들의 시선을 신경 쓰지 않고, 제 방식대로 식사를 즐깁니다. 그래서 옆 테이블에 신경 쓰지 않는 별 세 개짜리 레스토랑에 가면 마음이 편하지만 저를 알아보고 인사하는 분들이 많은 주변 술집에 가면 불편할 때도 있습니다.

　"부자가 되고 싶다", "최고가 되고 싶다", "훌륭한 사람이 되고 싶다"고 말하는 사람에게 그 이유를 물으면 다른 사람이 자신의 비위를 맞춰줄 것 같아서라고 답하는 경우가 있습니다. 그런 사람일수록 잘난 체하는 것이 정당하다고 생각하는 경향이 있습니다.

저는 종종 "히토리 선생님은 왜 텔레비전에 출연하지 않으세요?"라는 질문을 받곤 합니다. 그런데 유명해지고 싶은 마음에는 다른 사람이 자신의 비위를 맞춰주었으면 하는 마음이 깔려 있기 마련입니다. 저는 제 기분을 스스로 맞추기 때문에 굳이 다른 사람이 제 비위를 맞춰주지 않아도 상관없습니다. 오히려 그런 것이 귀찮습니다.

역량이 작다는 것은 누군가가 자신을 행복하게 해주기를 바라는 것이기도 합니다. 누군가가 자신을 행복하게 해주었으면 좋겠다거나 누군가가 자신의 기분을 맞춰주었으면 좋겠다고 바라는 것 자체가 자신의 역량을 작게 만듭니다.

거꾸로 자신이 누군가를 행복하게 만들 때 역량이 늘어납니다. 누군가가 자신에게 무언가 해주기를 기대하는 것이 아니라 자신이 다른 사람을 행복하게 해주려 노력하는 것이 중요합니다. 행복하게 해주고 싶은 사람이 많아질수록 역량도 커지게 됩니다.

용서하는 그릇

경영자는 늘 의사결정을 해야 합니다.

신상품에 대해서 20명에게 반응을 들으면 대략적인 성공 여부를 파악할 수 있습니다. 사업에는 천재적인 직감력도 신적인 영감도 필요 없습니다. 객관적으로 좋은지 나쁜지, 여러 개 중 어느 쪽이 좋은지 반응을 잘 살펴보면 됩니다. 그런데 그것을 회사 직원들에게 물어보면 대개는 틀리는 경우가 많습니다. 그보다는 회사와 관련 없는 사람들에게 묻는 편이 더 정확합니다.

판매 전문가의 의견은 틀릴 수 있습니다. 판매하고 싶은 마음에 욕심이 끼어들기 때문입니다. 그러나 구매 전문가의 의견은 틀림이 없습니다. 구매 전문가란 바로 고객입니다.

노래를 예로 들면, 음반을 사는 소비자는 그 노래가 좋은지 나쁜지를 직감적으로 느낍니다. 1,000엔짜리 음반을 한 번만 듣고 말았다면 그 손님은 본전을 뽑지 못해 손해를 보게 된 셈입니다. 사람은 누구나 손해 보는 것을 싫어하기 때문에 한 번만 들을 음반은 사지 않습니다. 그러나 '이 음반은 자꾸 듣고 싶을 것 같아!'라고 생각하면 바로 구매합니다.

전설적인 팝스타 마이클 잭슨도 업계 전문가들에게 좋은 평을 듣지 못했다고 합니다. 어릴 때는 인기를 얻었더라도 성인이 되면 금세 인기가 사라질 것이라는 말을 들었다고 합니다. 그러나 실제로 성인이 된 뒤에도 그를 찾는 팬들은 줄지 않았고 앨범 판매량이 세계 1위인 월드 스타가 되었습니다.

고객은 구매 전문가이므로 누구보다 정확하게 압니다. 그러므로 10명의 고객 중 8명이 좋다고 하면 그 상품은 가능성이 있는 것입니다. 사업가로서의 그릇을 키우기 위해서는 자신을 믿는 대신 고객의 목소리를 경청해야합니다.

옛날 어느 왕이 기르던 학이 우리 밖으로 도망을 갔습니다. 학을 관리하던 사람은 잔뜩 겁에 질려 처형당할 각오를 했습니다.

왕이 물었습니다.

"그 학이 바다 건너 외국까지 날아갔느냐?"

학 관리인이 대답했습니다.

"사람이 주는 먹이를 먹고 자란 학이라서 외국까지는 가지 못할 것입니다."

그 말을 들은 왕은 이렇게 말했습니다.

"우리나라에 있다면 우리 집에 있는 것과 같다."

그리고 학 관리인은 아무런 처벌도 받지 않았습니다.

전국을 자신의 정원처럼 생각했던 왕의 역량도 감탄할 만하지만 무엇보다 학 관리인을 용서해주고자 했던 그의 마음 씀씀이에 경탄하지 않을 수 없습니다.

그 왕은 평민 출신이었습니다. 말단 보병에서 시작해서 천하통일을 이루고 최고 지위까지 오른 인물이었습니다. 그러한 배경을 지닌 왕이었기에 다른 사람의 노고를 누구보다 잘 알았고 아랫사람의 마음도 깊이 헤아렸습니다. 학 관리인에게도 '어떤 벌을 내릴까?'가 아니라 '어떻게 이 사람을 용서해줄까?'를 생각했던 것입니다.

생각해보면 왕에게도 나름의 입장이 있었을 것입니다. 윗사람으로서 아랫사람이 실수를 했을 때는 그에 맞는 벌을 내려야 한다는 규칙도 있었을 것입니다. 마찬가지로 학 관리인에게도 입장이 있고 책임이 있습니다. 키우던 학을 잃어버린 것에 대한 책임을 추궁당하지 않을 수 없었을 것입니다.

이런 상황에서 왕은 어떻게 하면 자신의 입장도 지키고 상대도 용서할 수 있을지를 고심했습니다. 그야말로 대단한 역량이 아닐까요?

사람은 용서하지 못할 일이 많은 쪽보다는 용서할 수 있는 일이 많은 쪽이 좋습니다. 그러므로 웬만한 일은 용서해주는 편이 좋습니다.

제가 이렇게 말하면 "그럼 히토리 선생님은 누가 부모를 죽여도 용서할 수 있습니까?"라고 묻는 사람이 있습니다. 하지만 그런 극단적인 말을 하는 것 자체가 그릇이 작다는 증거입니다. 그런 사람에게 저는 이렇게 다시 묻습니다.

"그럼 당신의 부모님이 누군가의 손에 억울하게 돌아가셨나요?"

그러면 그는 곧 다음과 같이 대답하고는 더 이상 말을 잇지 못합니다.

"아니오, 그렇지 않습니다."

또 이렇게 말하는 사람도 있습니다.

"그 녀석을 용서할 수 없어요. 그 녀석이 한 짓을 생각하면 분해서 잠이 다 안 와요!"

그러나 당신이 분노로 잠을 못 이루고 있을 때, 상대방은 아무 것도 모른 채 곤히 자고 있을 것입니다.

그러므로 용서할 것인가 말 것인가는 어느 쪽이 이득인가로 따져봐야 합니다. 상대를 영원히 원망하고 미워하며 세월을 보는 것이 이득일지, 그 시간과 에너지를 다른 일에 쏟아 스스로가 즐겁고 행복해지도록 노력하는 것이 이득인지.

용서하는 것도 역량입니다. 그리고 용서를 잘하는 사람이 행복하기 마련입니다.

그렇다면 사람의 그릇을 키우려면 어떻게 해야 할까요?

바로 신나고 설레는 기분을 유지하면 됩니다. 자신의 기분을 스스로 다스리고 늘 즐거운 마음을 가지며 몸에 활력이 넘치도록 하는 것입니다.

항상 신나는 기분을 유지하기 위해 가장 중요한 것은 '의지'입니다.

날씨를 예로 들어보겠습니다. 내일 비가 올지, 바람이 불지, 태풍이 몰아칠지 예측은 할 수 있지만 우리가 날씨를 결정하지는 못합니다. 그러나 그 날씨가 좋은 날씨인지 나쁜 날씨인지를 판단하는 것은 우리의 의지에 달려있습니다.

　비가 내리는 것을 보고 '기분 나쁜 날씨네', '비가 와서 외출도 못하다니 정말 싫어!'라고 생각할 것인지, 아니면 '시원해서 좋네!', '비가 내리니 나무들도 기뻐하는 것 같아!'라고 생각할 것인지는 우리 스스로 선택할 수 있는 일입니다.

　그러니 신나는 수행을 하겠다는 의지를 마음속에 늘 품고 있어야 합니다.

　여기에 익숙해지면 언짢은 마음을 갖는 것이 불편하게 느껴지게 됩니다. 그래서 평소 같으면 하루 종일 기분 나쁠 일을 겪어도 반나절이면 마음이 풀어집니다. 수행을 하면 할수록 기분이 전환되는 시간도 짧아지게 됩니다. 그리고 어느새 마음이 넉넉한 사람이 됩니다.

자신의 기분을 스스로 다스리지 못하는 사람은 불필요한 말을 하거나 어찌 되어도 상관없다는 듯한 언행을 남발합니다. 매사가 어찌 되든 관심 없다는 투로 말하여 다른 사람의 기분을 망치는 것은 물론이고 본인의 기분도 다스리지 못하게 되는 것입니다.

물론 부정적인 말을 꼭 해야 할 때도 있습니다. "이쪽으로 가면 막다른 길이니 가지 마세요."라거나 "이쪽은 공사 중이라 위험하니 다니지 마세요."와 같은 경우가 그렇습니다.

그러나 이런 경우가 많지는 않습니다. 정말 위험한 상황을 제외하면 늘 관대한 마음을 가져야 합니다.

  예를 들어, 아이들이 놀이터에서 자유롭게 놀도록 내버려 두어 좋을 텐데, 칼을 든 사람이 다가오면 도망가라는 불필요한 말을 합니다. 하지만 그런 일이 일어날 확률은 극히 적습니다.

  유비무환의 자세도 좋겠지만 일어나지 않은 일까지 미리 걱정하면 언짢은 일이 잇달아 생겨 불필요한 수고를 불러오기도 합니다. 그보다는 신나는 기분으로 살아가는 것이 훨씬 낫습니다.

행복을 추구하는 그릇

자신이 아무리 신나는 기분을 유지할 수 있는 사람이 되었더라도 주변에 부정적인 사람이 있으면 자연스럽게 자신의 기분까지 나빠지기 마련입니다.

이럴 때는 어떻게 하면 좋을까요?

저는 부정적인 사람과는 가깝게 지내지 않는 편이 좋다고 생각합니다. 그러나 도무지 피할 수 없다면, 스스로를 지키기 위해 적절한 거리를 유지하는 것도 좋은 선택입니다.

세계 최고의 부자이면서 부정적인 사람보다는 두 번째나 다섯 번째 부자라도 좋으니 기분 좋은 사람과 결혼하는 편이 낫습니다. 물론 돈이 많아서 나쁠 것은 없지만 은행 잔고보다는 마음이 넉넉한 사람과 함께 사는 편이 훨씬 더 행복합니다.

신나는 기분으로 사는 사람과 부정적인 사람이 함께 있으면 자연스럽게 부정적인 사람이 떨어져 나가게 됩니다. 간혹 상대가 언짢은 이유를 자신의 탓으로 여기는 사람도 있는데, 그것은 부정적인 사람의 문제이지 당신의 문제가 아닙니다.

예를 들어, 당신이 사장이고 직원들이 회사를 그만두겠다고 말한다 해도 그것은 배신이 아닙니다. 다른 회사가 좋아서 간 것뿐입니다. 오히려 축하해줄 일입니다.

의견 일치가 안 된다며 고민하는 사람도 있습니다. 그러나 사람은 누구나 자신만의 의견을 갖고 있기 때문에 의견이 다른 것은 당연한 일입니다. 그런 일로 신나는 기분을 잃어버리면 안 됩니다.

그런 정도의 일로 언짢아하지 말고 자신의 좋은 기분을 지켜야 합니다. 그것이 어렵다면 부정적인 사람은 멀리하고 대신 긍정적인 사람을 가까이 하면 됩니다. 꾹꾹 참다가 자신의 기분까지 나빠질 것 같은 사람과는 차라리 만나지 않는 편이 낫습니다. 세상에서 가장 중요한 것은 "내가 신이 나는가?"이기 때문입니다.

저도 기분 나쁜 일을 겪은 적이 있습니다. 이발소에 갔다가 제가 철썩 같이 믿던 생각을 부정당한 경험이 있습니다. 세상에는 내 생각에 동의하지 않는 사람도 있습니다. 그러나 문제는 그 일로 내 기분이 나빠졌다는 사실, 그리고 내 마음을 어떻게 다시 신나게 되돌릴 수 있는지 였습니다.

상대가 내 말을 믿고 안 믿고는 중요하지 않습니다. 스스로 믿는다면 그것으로 충분합니다. 제 말을 믿지 않는 사람과 만날 때 일일이 화를 내기에는 인생이 너무 아깝습니다. 믿지 않는 사람은 그대로 내버려두면 됩니다.

제가 이 책에 쓴 이야기도 믿지 못하겠다 싶은 사람은 읽지 않으면 됩니다. 그런 사람에게 하고 싶은 말은 이것이 전부입니다.

부디 신나게 사세요. 저는 신을 믿습니다. 그러나 누군가는 "나는 신을 믿지 않아요."라고 말할 수도 있습니다. 그런 사람에게 나와 똑같이 믿지 않아도 좋으니 부디 신나게 살라고 말하고 싶습니다.

가장 중요한 것은 신나게 살겠다는 의지입니다. 의지가 없으면 신나게 사는 것은 불가능합니다.

"천국의 언어를 말하자"를 실천하는 것도 방법입니다. 무슨 일을 하든 신나는 삶을 목표로 해야 합니다. 인생 자체를 신나는 삶을 향한 여정이라고 생각하면 좋습니다.

저는 "행복해지고 싶어요."라고 말하는 사람들에게 "행복이 무엇인지 아세요?"라고 되물어보곤 합니다. 여러분은 행복이 무엇이라고 생각하나요?

제가 생각하는 행복은 신나는 기분을 유지하는 것, 기분 좋고 설레는 마음을 유지하는 것입니다. 그러니 행복해지고 싶다면, 먼저 미소를 지으세요. 살짝 웃으면서 행복한 상상을 해도 좋습니다.

사람들에게 "행복한 생각을 하세요."라고 말하는 것보다, "살짝 미소 지어보세요."라고 권하는 게 더 효과적입니다. 놀랍게도, 억지로 짓는 미소가 시간이 지나면 진짜 웃음이 됩니다. 뇌는 그 작은 표정의 변화를 '행복의 신호'로 받아들이기 때문입니다. 그래서 미소는 단순한 표정이 아니라, 마음을 바꾸는 열쇠가 됩니다.

미소를 지으면 천국의 말을 쓰게 됩니다. 천국의 말에는 크게 8가지가 있습니다.

"사랑합니다."

"운이 좋습니다."

"기쁩니다."

"즐겁습니다."

"감사합니다."

"행복합니다."

"고맙습니다."

"괜찮습니다."

이런 따뜻한 말들을 천국의 말이라고 합니다. 천국의 말은 쓰는 순간부터 자연스럽게 행복을 느끼게 됩니다. 행복은 먼 곳에서 오는 게 아닙니다. 지금, 이 순간 내가 짓는 한 번의 미소에서 시작됩니다.

머리로는 잘 알면서도 무의식중에 이 여정에서 벗어나는 때도 있습니다. 그러나 신나는 삶을 목표로 한 이상 언젠가는 반드시 목적지에 도착하게 되어 있습니다.

저는 과거에 출간한 책에서 "운이 좋다는 말을 많이 하자" 또는 "웃는 얼굴이 중요하다"라는 말을 거듭했습니다. 이 모두는 신나고 설레는 인생을 목표로 한 것이었습니다. 처음부터 대뜸 "신나게 삽시다!"라고 말하는 대신 "천국의 언어를 말해보세요!"라며 방법부터 이야기했습니다.

"운이 좋다"라는 말을 입버릇처럼 하는 사람을 두고 누군가는 빈둥거리며 운만 바라는 사람이라고 잘못 생각하기도 합니다. 빈둥거린다는 것은 아무런 노력도 하지 않는다는 뜻입니다. 하지만 사람의 생각은 아무것도 하지 않으면 오히려 나쁜 쪽으로 흐르기 마련입니다.

그러므로 빈둥거리면서 즐거운 생각을 한다는 것은 앞뒤가 맞지 않는 이야기입니다. 소설이나 영화에서는 무사안일, 천하태평인 캐릭터가 있을지 몰라도 현실에서는 그렇지 않습니다. 행복은 의지입니다. 스스로 만드는 것입니다. 그러므로 무엇보다 신나게 살겠다는 의지가 중요합니다.

인생은 신나게 사는 법을 익히는 수행입니다. 저는 인생을 신바람 수행으로 여기면서 살아갑니다. 그러면 무슨 일이 있어도 늘 신나게 살아가게 됩니다.

만약 당신이 파리 여행을 가고 싶다면, 파리로 떠나기로 결심하면 됩니다. 마찬가지로, 신나게 살겠다고 마음먹으면 정말 그렇게 됩니다. 목적지로 향하는 과정에서 기분 나쁜 일이 일어날 수도 있습니다. 싫은 사람을 만나게 될 수도 있습니다.

중요한 것은 비록 어려운 상황이 닥쳐도 신나게 살아가겠다는 의지와 결심입니다. 신나는 일이 있어서 신나게 살아가는 것이 아니라 신나게 살아가기 때문에 신나는 일이 생기는 것입니다.

사람들은 '이러면 배신당하지 않겠지?' 또는 '이렇게 생각하면 좋은 일이 생길까?'라며 기적을 바라곤 합니다. 하지만 꼭 그렇게만 되지 않는 것이 인생입니다. 살면서 좋은 일만 겪는 사람도, 나쁜 일만 겪는 사람도 없습니다.

사람들이 살아가는 모습은 비슷비슷합니다. 차이가 있다면 어떤 일이 일어났을 때 늘 불쾌해 하는가, 자신의 기분을 다스리는가, 신나게 사는가 입니다.

여행 중에 맛없는 음식을 먹을 수도 있습니다. 사전조사까지 열심히 하고 찾아간 식당이라도 기대와 다를 때가 있습니다. 이럴 때 하나하나에 민감하게 반응할 것이 아니라 늘 기분이 좋도록 스스로 마음을 다스려야 합니다. 그러면 행복해집니다. 내가 행복해지면, 직장 동료들도 행복해지고, 주변 사람들도 행복해집니다. 이것이 신나는 삶이 일으키는 기적입니다. 이를 실천하면 모두가 행복해집니다.

"히토리 선생님, 그렇게 살면 힘들지 않나요?"

간혹 이렇게 묻는 사람들에게 저는 이렇게 답합니다.

"사사건건 화를 내는 것보다 훨씬 편합니다. 일일이 화를 냈다가는 금세 지치기 마련이니까요."

또 "그렇다면 감정을 어떻게 조절해야 할까요?"라는 질문을 받으면 저는 일단 시도부터 해보라고 권합니다. 감정을 조절하는 것은 순전히 자신의 의지에 달렸기 때문입니다.

일단 해보자고 '결심'해야 합니다. 신나는 삶을 추구하는 수행을 시작해 보세요. 이 수행을 시작하면 불쾌한 일을 겪은 후에 마음을 푸는 데 걸리는 시간이 점차 줄어들게 됩니다.

중요한 것은 신나는 기분이 유지되도록 꾸준히 자신을 칭찬하고 격려하는 것입니다. 처음부터 완벽할 수는 없습니다. 그러니 조금이라도 잘해냈다면, 자신을 칭찬해 주는 것이 중요합니다. 신나는 기분은 그렇게 만들어 가는 것입니다.

언짢은 일을 겪어도 '신나는 수행이구나!'라고 생각하면 정말 그렇게 됩니다. 신나는 수행을 시작한 사람은 무슨 일을 겪어도 모두 수행의 일종이라고 생각하기 때문입니다.

만약 "신나는 수행 중인데, 잘되지 않아요."라고 말하는 사람이 있다면, 그 사람에게는 "그런 것은 상관없으니 일단 신나게 살겠다는 마음만 잃지 마세요."라고 말해주곤 합니다. 잘되든, 안 되든 연연하지 마세요. 중요한 것은 항상 좋은 기분을 유지하는 것, 즉 신나게 사는 것입니다.

이렇게 좋은 기분으로 살아가면, 즐겁고 행복한 일들이 계속 이어집니다. 삶을 좋은 에너지로 가득 채우는 태도는 진정한 성공의 비결이자, 우리가 추구해야 할 궁극적인 목표입니다. 예를 들어 시를 쓸 때도 마찬가지입니다. 기분 좋은 상태에서 좋은 시가 나옵니다. 시에 그 에너지가 담기기 때문입니다. 어두운 마음으로 쓴 시를 읽으면 읽는 사람의 마음까지 어두워집니다. 시든 상품이든 신나는 상태에서 짓고 만든 것이 좋은 에너지를 줍니다.

누군가가 제게 "성공의 비결이 무엇인가요?"라고 물으면, 저는 항상 "신나는 기분을 유지하는 것입니다."라고 대답합니다. 사람들이 성공한 인생을 살고 싶은 이유는 신나는 상태로 지내고 싶어서입니다.

행복해지고 싶어서 신나게 사는 것입니다. 그러니 인생의 궁극적인 목적이 신나게 사는 것이 아니면 무엇이겠습니까? 신나게 사는 인생이 진정 성공한 인생입니다. 신나게 사는 사람의 역량이 큰 것은 두말할 필요가 없습니다.

스스로 단련하는 그릇

인생은 수행이기도 합니다. 인간의 손은 작고 연약하지만, 매일 훈련하면 맨손으로 나무판과 기왓장을 격파할 수도 있습니다. 수십 개의 벽돌도 단번에 부술 수 있습니다. 이처럼 행복도 매일 단련을 통해 얻을 수 있는 선물입니다. 수행이라는 노력 끝에 생기는 보상입니다. 살다 보면 불쾌한 일도 겪게 되지만 그 때 신바람 수행을 떠올리면 세상은 다시 즐거워집니다. 신나게 사는 사람에게는 신나는 일이 자꾸 생기기 때문입니다.

사람들은 수행이 힘들다고들 말합니다. 수행의 과정이 쉽지 않은 것은 사실이지만 그것을 이겨냈을 때의 기쁨은 수행의 고통을 훨씬 뛰어넘습니다. 예를 들어 폭포수 아래에 앉아 온갖 어려움을 참아내며 수행을 마친 뒤 일상으로 돌아왔을 때의 기쁨은 이루 말할 수 없을 것입니다. 폭포수를 맞으며 수행했을 때의 고통과 비교하면 일상에서 겪는 고통은 아무 것도 아닌 것처럼 느껴질 테니까요.

좌선(坐禪)을 할 때는 몸을 조금이라도 움직이면 죽비로 어깨를 맞습니다. 맞는 순간에는 몸이 긴장하게 되지만 맞은 직후에는 고마운 마음이 들면서 '자유란 참 좋은 것이구나!'라는 생각을 하게 됩니다. 폭포수를 맞거나 좌선하는 것에 비하면 신나는 수행은 훨씬 즐겁습니다. 더구나 다양한 일을 신나게 하며 살 수 있게 되면, 주변으로부터 "역량이 엄청난 사람"이라는 칭찬까지 듣게 됩니다!

사소한 일에도 깊이 신경 쓰는 사람을 종종 만나게 됩니다. 작은 일에 신경 쓰며 전전긍긍하기보다 신나는 마음을 갖도록 노력해보면 어떨까요?

꼼꼼하게 신경 쓰는 태도도, 대범한 태도도 모두 타고난 성격에서 옵니다. 대범한 사람은 대범한 대로, 꼼꼼한 사람은 꼼꼼한 대로 신나게 살면 됩니다.

세상에는 세심하게 다뤄야 하는 일도 있으므로 꼼꼼한 일을 잘 다루는 사람도 필요합니다. 그런 사람이 자신의 특성을 살려 신나게 살 수 있다면 더할 나위 없이 좋을 것입니다. 그 능력을 살려서 좋은 기분을 유지하면, 사고방식이 바뀌고, 사소한 일에 점점 신경을 덜 쓰게 될 것입니다.

여기에서 명심해야할 것은 사소한 일과 쓸데없는 일은 전혀 다르다는 사실입니다. 일반적으로는 사소해 보이는 일이라도 그 일을 소중하게 생각하는 사람에게는 결코 사소한 일이 아닐 것입니다.

간혹 자신에게 사소한 일은 쓸데없다는 투로 말하는 사람이 있습니다. 이런 사람들은 자신들이 사소하다고 생각하는 일에 신경 써야 하는 상황이 되면 무척 불편해합니다. 신이 난 마음 상태에서는 그런 식으로 행동하지 않습니다. 주변에는 쓸데없는 말을 하는 사람들도 있습니다. 하지만 신나는 마음을 유지하고 있으면 쓸데없는 말을 하지 않습니다. 쓸데없는 일에 자꾸 신경을 쓰면 기분도 더 나빠지게 되기 마련입니다.

모든 사람은 본래 좋은 에너지를 유지하고 있습니다. 기분이 좋지 않은 상태는 평소와는 다른 이상한 상태라고 보면 됩니다.

사람이 저마다 성격이 다른 것은 저마다 배워야할 문제가 다르다는 의미입니다.

사람에게는 저마다의 행복이 있습니다. 에미코 사장의 경우는 부자가 되어 사고 싶은 것을 살 수 있고, 멋진 옷을 입을 수 있고, 마음껏 쇼핑할 수 있어 행복하다고 말합니다.

사람이 저마다 행복을 느끼는 방법이 다르듯 신나게 살아가는 방법도 다릅니다. 하늘이 각자에게 맞는 인생의 수행 과정을 주었다는 뜻입니다. 이겨내야 하는 수행의 장이 모두 다릅니다.

각자 힘든 점을 이야기하면 한도 끝도 없습니다. 그러니 불행해지겠다고 마음만 먹으면 불씨는 사방에 널려 있는 셈입니다.

사장이나 관리자는 외롭고 힘들다고들 하지만, 그것은 힘든 점만을 강조한 말입니다. 누군가 자신의 마음을 알아줬으면 좋겠다는 바람 때문에 자신이 얼마나 힘든지 푸념을 늘어놓는 것이지요.

　신나지 않으면 윗사람은 아랫사람을 고생시키고, 아랫사람은 윗사람에게 폐를 끼치게 됩니다. 어느 자리에 있든 힘든 점이 있기 마련입니다. 그러니 입장이나 역할은 달라도 저마다 신나는 수행을 해야 합니다.

긍정적인 그릇

다른 사람이 내 기분을 맞춰주기를 기대해서는 안 됩니다.

누군가가 자신의 기분을 맞춰주기를 기대하고 행동하는 사람은 어디서도 환영받지 못합니다. 이런 사람은 본인이 다른 사람의 기분을 맞춰주는 것도 견디지 못합니다. 배가 살살 아파옵니다. 그러므로 자신의 기분 역시 자신이 맞춰야 합니다.

만약 모두가 자신의 기분과 감정을 스스로 다스릴 줄 안다면 모두 신나게 살 것이고, 이 세상은 신나는 사람들로 가득할 것입니다.

세계에서 가장 행복한 나라로 늘 부탄이 손꼽힙니다. 물질적으로 풍요롭지 못한 부탄 국민이 다른 부유한 국민들보다 행복지수가 높습니다. 이런 사례를 볼 때, 신나는 수행을 더욱 열심히 해야 합니다. 그러면 이 세상은 자연스럽게 더 풍요로워질 것입니다.

이 책을 읽는 여러분은 의식주를 포함해 생활 여건이 잘 갖추어진 풍족한 나라에 살고 있을 것입니다. 아마 부족한 것이 있다면 신나고 설레는 마음이 아닐까요? 출세한 사람 중에도 불쾌한 이들을 종종 볼 수 있습니다. 성공한 사람 중에도 신나게 사는 법을 모르는 사람이 많은 것 같습니다.

불쾌한 기분으로 살아가는 사람과 신나게 사는 사람이 함께 있으면 신나게 사는 사람이 훨씬 많은 사랑을 받는 게 당연합니다. 주변 사람들이 아직 신나는 수행을 모른다면 자신부터 시작하면 됩니다.

간혹 신나는 수행을 하는데도 일이 잘 풀리지 않는다는 사람도 있습니다. 그런 사람일지라도 불쾌한 기분으로 살아가는 사람보다 낫습니다. 일은 나중에 배울 수도 있고 열심히 노력하면 언젠가 잘하게 되겠지만 늘 불쾌한 사람은 그것이 나쁜 습관으로 굳어져 좀처럼 고치기 어렵기 때문입니다 그러니 신나게 살아가는 쪽이 훨씬 낫습니다. 신나게 사는 사람은 결국 일도 잘하게 됩니다. 부족한 부분을 빨리 배우기 때문입니다. 그러니까 신나게 살아간다고 해서 손해 볼 일은 전혀 없습니다.

신나는 기분을 드러내면 안 되는 경우는 장례식 정도일 것입니다. 그 외에는 늘 신나는 마음을 유지하는 편이 좋습니다. 그러니 장례식장에 갔더라도 식이 끝나면 다시 신나는 기분을 느낄 수 있도록 마음을 다스려 보세요. 결코 어려운 일이 아닙니다.

늘 신나게 사는 사람은 결국 일도 잘 풀리게 되기 마련입니다. 일은 금세 배울 수 있습니다 이 사실을 깨닫지 못한 채 역량만 키우는 것은 불가능합니다.

기술적인 부분은 배우고 연습하면 됩니다. 사업도 마찬가지입니다. 기술만 익혀도 사업은 어느 정도 성공시킬 수 있습니다. 마찬가지로 일이나 스포츠 등 대부분 분야에서도 기술이 어느 정도의 성공을 가져다 줄 수 있습니다. 하지만 사업가로서 역량이 있다고 말하려면 기술 위에 신나는 태도나 관대함이 반드시 더해져야 합니다.

유난히 짜증이나 신경질을 자주 내는 사람도 있습니다. 하지만 기분 좋은 상태로 지내는 쪽이 훨씬 좋다는 것은 너무나 당연한 이치입니다. 이런 사실을 모른다는 것이 이상할 정도입니다. 화만 내는 쪽보다는 신나게 사는 쪽이 주변에도 좋고 자신에게도 좋다는 것은 두말할 필요도 없습니다.

인생의 궁극적인 목적은 신나고 설레는 마음으로 사는 것입니다. 신나게 사는 것이 곧 행복입니다. 그러기 위해서 일도 하는 것입니다. 일은 신나게 살기 위한 수단입니다.

배가 고프면 밥을 먹어야 하고, 밥을 먹으려면 돈이 필요하며, 돈을 벌기 위해서는 일을 해야 하기 때문입니다. 그러므로 일은 신나게 살기 위한 수단입니다.

일이든 스포츠든 기술적인 부분은 배우면 됩니다. 그러나 역량을 넓히려면 신나는 수행을 거쳐야 합니다. 불쾌하거나 어두운 마음으로 살아가기보다 신나는 삶을 살아가는 쪽이 좋다는 사실을 거듭 강조하고 싶습니다. 늘 신나고 설레는 마음으로 살아갈 수 있다면 그것이 곧 성공한 삶입니다.

누구나 사랑을 하면 신이 나고 설렙니다. 사람이 사랑하는 이유는 바로 이 느낌을 느끼기 위해서입니다. 사랑을 시작하면 누구에게나 좋은 에너지가 생깁니다. 사랑을 하는 모든 사람에게 좋은 에너지가 쌓입니다.

그러고 보면 신은 정말 대단한 존재입니다.

헤이안 시대*에 '와카'라는 시가 유행했는데, 대부분이 사랑 노래였고 주로 돈 많은 귀족들이 지어 부르곤 했습니다.

---

* 794년부터 1185년까지 간무 천황이 천도한 헤이안쿄(平安京)가 정치 중심을 이룬 일본의 역사 시대 중 하나.

부자들만 즐길 수 있는 놀이는 와카 외에도 많았지만 사랑이 단연 최고의 즐거움이었습니다.

사랑은 글자를 몰라도, 배움이 부족하더라도 누구나 할 수 있습니다. 신이 위대한 이유는 바로 이러한 공평함 때문입니다. 비록 짝사랑이라도 사랑은 그 자체만으로도 즐겁고 행복합니다.

부정적인 느낌의 사람과 긍정적인 느낌의 사람 중, 긍정적인 느낌을 유지하는 사람이 늘 사랑 받는 것은 당연합니다. 저는 무슨 일에 대해서든 긍정적이려고 노력합니다. 그 해석이 옳은지 그른지보다는 즐거운지 아닌지가 더 중요하다고 생각합니다. 스스로 신나고 설레는 기분을 느낄 수 있는지 아닌지가 중요하다는 뜻입니다.

지금 일본 전체가 불경기입니다. 그럼에도 저희 회사는 여전히 매출이 높습니다. 직원 모두 매출이나 불경기에 연연하지 않고 신나게 일하기 때문입니다.

리먼 쇼크가 전 세계를 강타했을 때도 우리 회사는 리먼 브라더스와 직접 거래하지 않았기 때문에 직접적인 타격은 없었습니다. 리먼 쇼크니 세계 불황이니 하며 여기저기서 우려의 목소리가 들려오지만 그 전에 부정적으로 생각하는 버릇부터 그만두라고 말하고 싶습니다.

사고방식을 바꾸는 것과 더불어 중요한 것이 있습니다. 바로 '천천히 행동하는 것'입니다. 걸을 때도 천천히 걷는 것이 좋습니다. 평소보다 20%정도 느리게 걸으면 근육과 신경이 이완됩니다.

인간의 신경에는 교감신경과 부교감신경이 있습니다. 우리 몸이 깨어 있을 때는 주로 교감신경이 활발하게 활동하고 긴장 상태가 됩니다. 이런 상태가 오래 지속되면 신경이 이완되지 못해 피로해집니다. 이럴 때 천천히 걸으면, 산소가 몸 전체로 퍼지며 혈관이 이완되면서 몸이 편안해집니다.

사람은 스트레스를 받거나 긴장 상태에서 일하면 호흡이 얕아집니다. 호흡이 얕아지면 뇌로 가는 산소가 부족해져 몸의 말초혈관이 위축됩니다. 그 결과 피가 통하지 않아 신체 각 부분에 골고루 퍼져야할 산소가 뇌로 집중됩니다. 우리 몸은 본능적으로 뇌를 지키려 하기 때문입니다.

그러므로 컨디션이 나쁠 때는 동작과 호흡을 천천히 하고 양보하는 자세를 가지면 좋습니다. 반대로 경쟁하는 마음을 가지고 있으면 혈관이 위축됩니다.

　경쟁심으로 가득 찬 사람은 승부에서 이기지 못합니다. 이기려면 냉정하게 판단을 내릴 수 있어야 하는데, 상대를 이길 생각에만 빠져 판단력이 흐려지기 때문입니다.

양보하는 그릇

열심히 일하던 사람이 갑자기 패닉 상태가 되거나 우울해지는 이유는 마음이 급하기 때문입니다. 초조하거나 성급한 마음이 정신을 무너뜨립니다. 그래서 사람은 너무 조급하면 안 됩니다.

보통 교감신경과 부교감신경은 번갈아 가며 활동합니다. 교감신경이 활동하면 부교감신경은 쉬는 식입니다. 가장 좋은 것은 두 신경 모두 적절하고 균형있게 활동하는 것입니다. 그래서 춤이나 운동으로 몸을 많이 움직이는 한편 마음을 차분하게 다스리는 다도와 같은 활동을 병행하면 좋습니다. 다시 말해 천천히 하는 활동을 함께 해야 한다는 의미입니다.

머리를 많이 쓰며 일을 하다 보면 뇌가 줄곧 긴장 상태에 있게 됩니다. 그럴 때 걸을 일이 생긴다면 천천히 걷는 편이 좋습니다. 마음이 급하다고 빨리 걸으면 신경은 계속 긴장 상태를 벗어나지 못하게 됩니다.

뇌가 줄곧 긴장 상태에 있으면 실수가 많아지기 마련입니다. 중요한 일을 깜빡 잊기도 합니다. 그러니 일을 할 때는 서두르지 말고 천천히 하는 편이 좋습니다.

사람은 단숨에 처리해야 하는 일이 생기면 숨을 멈춥니다. 100미터 달리기 도중에 잠시 숨을 멈추듯이 말입니다. 몸을 긴장시키기 위한 행동입니다.

그러므로 일을 할 때도 심호흡을 하며 천천히 해야 합니다. 숨은 코로 들이쉬고 입으로 내쉬면 좋다고 하는데, 방법이야 어찌 되었든 심호흡을 하는 것 자체가 중요합니다.

몸 어딘가가 아프다는 것은 그 부위에 피가 잘 통하지 않아서입니다. 피가 통하지 않으면 모세혈관이 막혀 병이 됩니다. 원인을 거슬러 올라가 보면 거기에는 늘 스트레스가 있습니다.

스트레스를 잘 해소하는 것이 중요하지만 말처럼 쉽지 않을 때가 많습니다. 스트레스 해소에 가장 간단하고 빠른 방법은 몸을 움직이는 것입니다. 동작을 천천히 하기만 해도 스트레스가 해소됩니다. 그래서 천천히 하는 것이 중요하다고 말하는 것입니다.

예를 들어, 보통 한 시간에 5킬로미터를 걷는 사람이라면, 한 시간에 3킬로미터 정도의 속도로 걸어보시라고 권유합니다. 천천히 걷기만 해도 자연스럽게 자세가 바르게 교정되고, 혈액이 산소를 더 잘 흡수하게 됩니다.

간혹 천천히 걸으라는 말을 잘못 이해하고 힘없이 '터벅터

벅 걷는' 사람들이 있습니다. 그 뜻이 아닙니다. 자세를 바르게 하고 천천히 걸어야 부교감신경이 활발해집니다. 이렇게 몸의 긴장이 풀리면 저절로 좋은 에너지가 온 몸에 퍼져나게 됩니다.

밤에 잠이 오지 않는 것은 교감신경이 활성화되어 긴장이 풀리지 않으면서 피가 뇌에 몰려서 그렇습니다. 그러니 자기 전에 천천히 호흡을 해야 한다는 사실을 기억하면 좋습니다.

몸을 이완시키기 위해서도 일단 천천히 걸어보세요. 그리고 다른 사람에게 양보하는 마음을 가져보세요. 만사를 양보하는 마음으로 생각하면 좋은 생각이 더 많이 떠오릅니다. 특히 두뇌 노동자는 다른 사람과 경쟁하거나 싸우면 안 됩니다.

경영자는 두뇌 노동자입니다. 경영을 잘하려면 올바른 의

사결정을 내리는 것이 중요합니다. 그러나 스트레스에 지친 상태에서는 올바른 판단을 내리지 못합니다. 자신이 맡은 일을 잘하기 위해서도 양보하는 마음을 갖는 편이 좋습니다.

인생이란 욕조와 비슷합니다. 욕조 안의 뜨거운 물을 휘저을 때는 물을 내 쪽으로 끌어오기보다 바깥쪽으로 퍼뜨리는 편이 좋습니다. 내 쪽으로 끌어오기보다 퍼뜨리면 물을 더 많이 밀어낼 수 있고, 밀어낸 만큼의 물이 다시 내 쪽으로 돌아오기 때문입니다.

일도 마찬가지입니다. '누구에게든 절대 지고 싶지 않아'라고 생각하기보다는 '먼저 가세요'라고 양보하며 여유롭게 가는 사람이 좋습니다. 자신의 일만 생각하는 사람은 환영받지 못합니다.

저는 파티를 열면 더 많은 사람들을 돋보일 수 있게 하는 방법이 무엇일지 고민합니다. 그래서인지 제 주변에는 사람이 많이 모입니다. 이렇게 "먼저 가세요."라며 양보하는 사람이 더 많은 혜택을 누리게 됩니다.

　사업을 잘하는 것만으로는 돈은 많이 벌 수 있을지 몰라도 사람들에게 호감을 얻기는 어렵습니다. 사람들에게 호감을 얻지 못하면 기껏해야 장사꾼 정도밖에는 되지 못하고 결과적으로 일도 잘 풀리지 않습니다.

　직원도 마찬가지입니다. 직원 각자의 능력은 비슷할지 몰라도 그 중에는 자신의 일을 마치면 동료의 일을 도와주는 등 열정과 마음을 다해 업무에 임하는 직원이 있습니다. 자연스럽게 누구를 리더로 뽑으면 좋을지를 물으면 모두 그 사람의 이름을 말하게 되지요. 이런 직원을 승진시키면 누구도 이의를 제기하지 않습니다. 직원들의 입장에서 가장 빨리 출세할 수 있는 길입니다.

주변 사람들을 기쁘게 하는 그릇

사람은 이치만으로는 살 수 없습니다. 실력도 필요하지만 정도 빼놓을 수 없습니다. 실력과 정을 갖추면 경쟁이 필요 없습니다. 그런 사람은 최고이기 때문입니다.

일단 일을 게을리 하면 최고가 될 수 없습니다. 그러니 우선 맡은 일을 열심히 하세요. 그리고 자신의 일을 다 마치면 옆 사람을 도와주세요.

저는 주로 제조부서의 일에 관여하지만 도움이 필요한 판매부서 직원이 있다면 기꺼이 도와줍니다. 물론 제가 직접 나서서 판매를 하면 매출도 오르고 일하는 속도도 빨라집니다. 그럼에도 다른 직원에게 맡기는 것은 얼핏 손해처럼 보일 수 있지만 사실 가장 이득을 얻는 사람이 제 자신입니다.

다른 사람에게 양보했을 때 내가 뒤처지는 것은 스포츠 세계에서나 통하는 논리입니다. 인간관계는 감정으로 움직입니다. 따르는 이가 많은 사람이 승자입니다.

저처럼 했는데도 실패했다고 말하는 사람은 아마 잘못된 방향으로 흉내만 낸 것이 아닌가 싶습니다. 가장 중요한 것은 우쭐하지 않는 것입니다. 일이 잘 풀린다고 으스대지 않고, 다른 사람을 짓밟고 일어서려고 해서도 안 됩니다.

사람은 합리적이지만은 않습니다. 같은 물건이면 저렴한 쪽을 구입할 것 같지만 명품 브랜드의 로고가 붙어 있으면 가격에 상관없이 구입하는 것이 사람입니다. 브랜드만 없으면 똑같은 물건이라 설명해도 굳이 비싼 명품을 고릅니다.

사람이 감정적인 동물이라 그렇습니다. 그러나 다른 동물과는 달리 인간만이 지닐 수 있는 독특한 감정이 있습니다.

바로 "먼저 하세요"하고 양보하는 마음입니다. 그런 사람은 모두에게 존경 받습니다.

그럼에도 많은 사람은 힘으로 명예를 얻으려고 합니다. 그러니 당연히 힘들 수밖에요. 그렇게 하면 일은 반드시 어긋납니다. 아무리 강력한 군대를 지닌 왕이라도 모든 개인을 억누를 수 없습니다. 어쩌다 원하는 바를 이루었다 해도 거기서 얻을 수 있는 것은 별로 없습니다.

저는 주변 사람이 행복할 수 있도록 최선을 다합니다. 제 기분과 감정을 스스로 조절하는 것도 그런 이유에서입니다. 신나는 수행을 방해하는 사람도 만나고 생각지도 못한 여러 유형의 사람들을 만나지만 문제되지 않습니다. 저는 신나게 사는 것이 정말 즐겁습니다.

저는 강연회나 파티에 가도 결코 먼저 나서서 이야기하는 법이 없습니다. 그래서인지 모두가 제게 이야기를 더 들려달라고 합니다.

그런데 제 제자가 되어서 사업 비결을 가르쳐달라고 하고는 성공해 돈을 벌었다는 이유로 교만해진다면 굳이 제 제자가 될 필요가 있을까 싶습니다. 그럴 생각이라면 부자 따위는 되지 않는 편이 낫습니다.

역량이란 '기분 좋은 행동을 하는 것'입니다. 여기서 말하는 기분 좋은 행동이 사실 자신에게는 그다지 기분 좋은 행동이 아닐지도 모릅니다. 예를 들어, 본인이 먼저 가고 싶을 때도 다른 사람에게 "먼저 가세요."라고 말해야 하기 때문입니다.

보통 사람들은 자신을 우선시합니다. 그러므로 역량을 키우기 위해서는 자신보다 상대를 우선시할 수 있어야 합니다. 사람의 역량은 바로 거기서 드러납니다.

어떤 사장이든 힘이 듭니다. 그래서 모두 자신의 이야기를 들어주기 바랍니다. 파티에서 건배 직전에 맥주 거품이 사라질 정도로 길게 이야기를 늘어놓는 이유도 그 때문이겠지요. 그런 자리에서 사장이 늘어놓는 이야기는 정말 지루하기 짝이 없습니다. 저는 그분들에게 자신이 애써 손에 넣은 사장이라는 자리가 맥주 거품이 사라질 때까지 이야기를 늘어놓아야 할 정도로 괴로운 자리인지를 묻고 싶습니다.

역량은 '상대가 바란다면 본인이 원하지 않는 일이라도 할 수 있는가?'로 판단할 수 있습니다.

훌륭한 사람은 타인에게 칭찬받고 싶기 보다는 타인을 칭찬해주려고 합니다. 그래서 훌륭한 사람에게 칭찬을 받으면 누구나 기뻐합니다. 한 마디를 해도 평생 기억되고 존경받는 사장과 맥주 거품이 사질 때까지 자기 이야기만 늘어놓고 눈총을 받는 사장 중 누가 더 좋을까요?

많은 사람들이 자신을 기억해주고 인정해주길 원하는 마음을 잘 알고 있습니다. 그러나 어렵게 사장이 되어 하고 싶었던 일이 고작 맥주 거품이 사라질 때까지 장황하게 이야기를 늘어놓는 것이었는지는 꼭 생각해보아야 합니다.

저도 경험해 보았기 때문에 고생한 사람의 마음, 자랑하고 싶은 마음을 누구보다 잘 압니다. 학창 시절에도 비슷한 경험을 하곤 합니다. 야구부 선배들이 잘난체하는 모습을 보면 '나도 언젠가 선배가 되어 저렇게 잘난체해봐야지!'하고 생각하게 됩니다. 그러나 본인이 싫었다면 타인에게도 하지 않는 편이 좋습니다.

저라고 잘난 체하고 싶은 마음이 없었겠습니까? 저도 사장이 된 후에 한껏 으스대고 싶었던 사람이었습니다. 아마 100년이 지나도 우쭐하고 싶은 사람은 언제나 존재할 것입니다. 그러나 저는 그러지 않겠다고 늘 다짐해 왔습니다. 보기에 좋지 않으니까요.

간혹 성공한 사람이 남들 앞에서 잘난체하는 모습이 멋지다고 생각하며 동경하는 사람도 있습니다. 그러고는 자신도 출세해야겠다고 다짐합니다. 사실은 그래서 출세하지 못하는 것입니다. 그러나 저는 그러지 않겠다고 늘 말해왔고 실제로 약속을 지켜왔습니다. 그것이 제가 사는 방식이고 미학입니다.

마치며

상대에게 꽃을 안겨주세요

어느 날 드라이브를 하다가 히토리 선생님이 다음과 같은 재미있는 이야기를 들려주었습니다.

"소설 『겐카쿠쇼바이(劍客商売)』에 등장하는 주인공 '아키야마 코헤이'는 검술의 달인입니다. 코헤이는 시합에서 상대에게 돈을 받고 일부러 져줍니다. 그리고 이렇게 말합니다.

"나는 돈을 벌 수 있으니 좋고, 상대는 시합에 이겨서 출세할 수 있으니 좋은 일이다."

이 주인공을 보고, "검술의 달인이면서 일부러 시합에서 져주다니, 너무한 거 아니야?"라고 생각하는 사람이 있을지 모르지만, 저는 주인공의 적당한 균형감이 굉장히 중요하다고 생각합니다.

저는 제자들에게 중요한 것들을 가르쳐줍니다. 그렇다고 해서 "그건 하면 안 돼"라든가 "이건 절대 금지야" 같은 작은 부분까지 세세하게 지적하지는 않습니다.

또 하나 중요한 것은, '상대에게 꽃을 안겨주는 것'입니다. 검술의 달인 코헤이는 상대에게 꽃을 안겨주었습니다. 즉 상대방을 빛나게 해준 것이지요.

누구나 잘하는 일이 하나쯤은 있습니다. 보통 사람들은 '이건 내가 잘하니까 내가 해야지, 저건 다른 사람에게 맡기자.'라고 생각합니다.

사람의 그릇에는 세 단계가 있습니다.

첫 번째 단계는 다른 사람에게 맡기지 못하고, 모든 일을 자신이 해야 직성이 풀리는 경우입니다. 그릇이 아주 작은 사람이죠.

　두 번째 단계는 자신이 잘하는 것은 자신이 하고, 다른 사람이 잘하는 일은 그 사람에게 맡기는 경우입니다. 대단한 그릇은 아닙니다. 아주 당연한 일이죠.

　세 번째 단계는 자신이 완벽하게 할 수 있는 일도 다른 사람에게 맡기는 경우입니다. 자신은 뒤에서 눈에 띄지 않게 도와준 후, 그 사람에게 꽃을 안겨주는 겁니다. 세 번째 단계의 삶을 사는 사람의 인생은 정말 멋지고 행복할 것입니다.

　자신이 할 수 있는 일을 스스로 하는 것도 나쁘지 않습니다. 그러나 '내가 할 수 있다'라는 생각 안에는 '나'를 앞세우는 마음이 들어 있습니다. 내가 하는 편이 낫다고 생각해 자신도 모르는 사이에 상대방의 꽃까지 꺾어 버립니다.

　자신의 꽃을 활짝 피우는 것도 중요합니다. 그렇지만 자신의 꽃을 피운 후에는 상대방도 꽃을 피울 수 있게 도와주어야 합니다. 꽃을 피우는 방법을 가르쳐 주거나, 자신이 피운 꽃을 상대방에게 안겨줄 수 있어야 합니다. 그렇게 해서 여러 곳에 꽃이 피어나게 합니다. 그것이야말로 진정한 역량이자 그릇이라고 생각합니다."

　이 이야기를 다 듣고 저는 바로 '히토리 선생님!'을 떠올렸습니다.

　사실 히토리 선생님이 혼자 처리하면 일이 더 빠르고 효율

적임에도 불구하고, 언제나 제자들에게 기회를 양보해주십니다. 저희가 어려움에 처하면 기꺼이 도움의 손길을 내밀어주시고, 파티 같은 자리에서도 자신보다 제자들이 더 주목받을 수 있도록 배려해주십니다.

책을 출간할 때도 마찬가지입니다. 선생님께서 직접 쓰시면 훨씬 속도도 빠르고 완성도 높은 작품이 나올 텐데, 제자들에게 집필 기회를 주십니다. 출판 회의 과정에서는 세심한 조언을 아끼지 않으시고, 원고가 완성되면 꼼꼼하게 검토하며 수정까지 도와주십니다.

선생님의 모습을 보면 마치 태양과 같다는 생각이 듭니다. 우리 모두에게 따뜻한 빛을 비춰주시며, 각자가 꽃을 활짝 피울 수 있게 도와주시는 것 같습니다.

하늘이 우리에게 필요한 모든 것을 무상으로 베풀어주듯, 히토리 선생님도 아무런 대가 없이 우리를 위해 헌신하십니다. 그런 선생님께 드릴 수 있는 유일한 보답은 저희가 진정으로 행복하고 신나게 사는 것이라 생각합니다.

하늘의 선물은 눈에 보이지 않기 때문에 우리가 받아들이지 않으면 무용지물입니다. 반대로 그 소중한 선물을 알아차리고 받아들이기 위해서는 그것을 온전히 담아낼 수 있는 그릇이 필요합니다.

처음부터 그릇이 작다고 스스로 비관할 필요는 없습니다. 히토리 선생님이 사람을 포기하지 않는 것처럼, 하늘도 우리를 절대로 포기하지 않습니다. 가능한 부분부터 조금씩 자신의 그릇을 키워나가면 됩니다.

그렇기에 저 또한 아직 부족한 점이 많지만, 꾸준히 제 그릇을 키워나가려고 합니다. 이 책을 통해 여러분과 함께 더욱 큰 그릇을 만들어갈 수 있다면, 그보다 더 큰 기쁨은 없을 것 같습니다.

저는 여러분 모두가 자신의 그릇을 키워 하늘의 선물을 받을 수 있길 진심으로 기원합니다.

시바무라 에미코

편집자 박소담
푸른 이야기를 쓰고 있다. 2019년에 첫 시집을 냈고, 2024 현대문예 시부문에서 신인상을 받으며 등단했다. 2016년에 사범대를 졸업하고, 2021년부터 학교 밖 청소년을 위한 글쓰기 교실을 운영하면서 청소년 시집을 엮고 있다.
2024 학교밖청소년 지원사업에서 여성가족부장관상 은상을 수상했고, 국가미래연구원 스페셜칼럼니스트로 위촉되어 교육칼럼 〈청소년의 생각을 듣다〉를 연재하고 있다.
대표작으로는 에세이집 《소류지에 머무는 밤》, 시집 《팔레트》, 《손잡고 이탈》, 시화집 《기억》 등이 있다.